Weiterführend empfehlen wir:

Wirtschaftliche Steuerung von Sozial- und Gesundheitsunternehmen
ISBN 978-3-8029-7534-9

Personalmanagement in Sozial- und Gesundheitsunternehmen
ISBN 978-3-8029-7546-2

Personalentwicklung
ISBN 978-3-8029-5445-0

Wir freuen uns über Ihr Interesse an diesem Buch. Gerne stellen wir Ihnen zusätzliche Informationen zu diesem Programmsegment zur Verfügung.

Bitte sprechen Sie uns an:

E-Mail: WALHALLA@WALHALLA.de
http://www.WALHALLA.de

Walhalla Fachverlag · Haus an der Eisernen Brücke · 93042 Regensburg
Telefon 0941 5684-0 · Telefax 0941 5684-111

Roedenbeck Schäfer

Recruiting to go
für Sozial- und
Pflegeeinrichtungen

Sofort umsetzbare Ideen, Tipps und Tools
zur zeitgemäßen Personalgewinnung

WALHALLA

Bibliografische Information der Deutschen Nationalbibliothek
Die Deutsche Nationalbibliothek verzeichnet diese Publikation in der Deutschen Nationalbibliografie; detaillierte bibliografische Daten sind im Internet über http://dnb.dnb.de abrufbar.

Zitiervorschlag:
Roedenbeck Schäfer, M., Recruiting to go für Sozial- und Pflegeeinrichtungen
Walhalla Fachverlag, Regensburg 2017

Hinweis: Unsere Werke sind stets bemüht, Sie nach bestem Wissen zu informieren. Alle Angaben in diesem Buch sind sorgfältig zusammengetragen und geprüft. Durch Neuerungen in der Gesetzgebung, Rechtsprechung sowie durch den Zeitablauf ergeben sich zwangsläufig Änderungen. Bitte haben Sie deshalb Verständnis dafür, dass wir für die Vollständigkeit und Richtigkeit des Inhalts keine Haftung übernehmen.
Bearbeitungsstand: März 2017

Schnellübersicht

Einführung zum Buch

Es tut sich was – aber längst noch nicht genug

Die gute Nachricht zuerst: In den mehr als sechs Jahren, in denen ich mich nun mit der Personalgewinnung im Sozial- und Gesundheitswesen beschäftige, hat sich einiges zum Positiven verändert. Immer mehr Personalabteilungen aus der Branche sind aus dem Dornröschenschlaf erwacht und haben ihre Scheu abgelegt, zeitgemäße Methoden auszuprobieren. Pflegeheime schreiben im Karrierenetzwerk XING passende Kandidaten direkt an und testen neue Apps, die eine Bewerbung über Smartphone oder Tablet ermöglichen. Arztpraxen betreiben Twitteraccounts oder erinnern ihre Patienten per WhatsApp an den nächsten Impftermin. Fachschulen für Sozialpädagogik sind ganz selbstverständlich bei Facebook unterwegs oder lassen ihre Auszubildenden in der Projektwoche einen Film für die Videoplattform YouTube produzieren. Ambulante Pflegedienste wagen freche Stellenanzeigen, in denen sie eine „Eierlegende Wollmilchsau" suchen. Expertise in Form von Mitarbeitenden, die bereits (in anderen Branchen) Erfahrungen mit der zeitgemäßen Personalbeschaffung gesammelt haben und sich mit Begrifflichkeiten aus dem Fach-Jargon wie Employer Branding, Active Sourcing oder Candidate Experience auskennen, werden zunehmend ins Haus geholt.

Einzelne Leuchtturmkampagnen mit starkem digitalen Fokus zeigen, wie es optimal laufen kann. Tendenziell sind die Pflegeeinrichtungen dabei den pädagogischen Einrichtungen voraus. Das mag an den Krankenhauskonzernen liegen, die mit größeren Personalabteilungen und größerem Budget vormachen, was möglich ist. Es mag auch daran liegen, dass valides Hintergrundwissen in Form von Studien zum Fachkräftemangel oder zur Rekrutierung von ausländischen Fachkräften für die Pflege zahlreicher zur Verfügung steht als solches zu Berufen wie Sozialarbeiter oder Erzieher.

Überforderung statt Neugier

Trotz allem erwachten Pioniergeist sind aber auch die angestaubten Diskussionen noch längst nicht ausgestorben. Nachdem der Hype um die sozialen Netzwerke ein wenig abgeflaut ist, fühlt man sich mancherorts bestätigt, dass es eine gute Entscheidung war, ihn einfach auszusitzen. Wissen über digitale Trends im Recruiting ist noch nicht flächendeckend vorhanden. Immer noch nehmen an meinen Seminaren Personaler aus dem Sozial- und Gesundheitswesen teil, die den neuen Wegen mit einem Gefühl der Überforderung begegnen, anstatt sich über die Möglichkeiten zu freuen, die sich auftun. „Das klingt alles spannend, was Sie erzählen, aber bei uns kann man das nicht umsetzen", bekomme ich ebenfalls häufig zu hören. In der Medienbranche könne man natürlich kreativer mit den Bewerbern umgehen, da helfe eine humorvoll getextete Stellenanzeige – aber doch nicht in der Pflege! Bewerber aus der IT-Branche verstünden die neuen digitalen Werkzeuge, die hätten das schließlich studiert – aber eine pädagogische Fachkraft könne man unmöglich dazu bringen, sich per Smartphone zu bewerben. Automobil-Konzerne seien finanziell besser ausgestattet und könnten selbstverständlich mit großen Arbeitgeber-Kampagnen auf sich aufmerksam machen. Als Sozial- oder Pflegeeinrichtung brauche man da gar nicht erst zu versuchen mitzuhalten. Man höre doch nur, mit welchen Luxusproblemen sich die Bundespolizei herumschlägt: Sie hat, so war im August 2016 in den Medien zu lesen, aus Versehen (!) über 300 Zusagen für Ausbildungsplätze zu viel versandt. Na, wenn wir als Sozial- oder Pflegeeinrichtung pro Jahr 300 Bewerbungen mehr bekämen als wir Ausbildungsplätze zur Verfügung haben, dann hätten wir auch Zeit, uns auf Facebook oder XING herumzutreiben… So lassen sich viele Entschuldigungen dafür finden, dass man an gewohnten Prozessen festhält oder Neues nur halbherzig wagt.

Interessant ist nun zu hören, was Personaler aus anderen Branchen zu mir sagen, mit denen ich es in meinen Seminaren ebenfalls zu tun habe. Nämlich genau das Gegenteil: „Ihr in den Sozial- und Pflegeberufen habt es gut! Euer Hauptgeschäft ist die Arbeit mit Menschen, da wisst ihr doch viel besser mit Bewerbern umzugehen als wir. Eure Mitarbeiter sind viel lockerer drauf als unsere, da könnt ihr leicht mit emotionaler Ansprache und Kampagnen über Apps und soziale Netzwerke punkten." Das muss man erstmal sacken lassen: Andere Branchen beneiden uns, das Sozial- und Gesundheitswesen! Fachkräftemangel und Imageprobleme hin oder her, sie halten uns für kompetent im Umgang mit den „neuen

Medien" und den veränderten Bedürfnissen der Bewerber! Und betrachten die vermeintlichen Vorteile, wie das größere Budget oder die größere Personalabteilung, gar nicht als solche. Am Ende hat jede Branche ihre Sorgen, ihre Vor- und Nachteile. Vielleicht ist es an der Zeit, die Diskussion darüber, wer es am schwersten hat, zu beenden und einfach loszulegen. Denn die Fakten liegen auf der Hand: Die Mitarbeitergewinnung kann nicht so weiterlaufen wie bisher – das hat einfach keinen Erfolg mehr. Halbherzige Versuche, die Personalabteilung zu modernisieren, machen keinen Sinn. Wie alles in dieser Welt entwickeln sich die Methoden des Recruitings so rasant weiter, dass der Abstand derer, die zögerlich bleiben, zu den Pionieren, die Neues wagen, wahnsinnig schnell immer größer wird. Nicht selten geschieht es, dass ich in ein und demselben Seminar jemanden sitzen habe, der gesteht, von Facebook keine Ahnung und den Begriff Employer Branding noch nie gehört zu haben, und jemanden, der nach zwei prall gefüllten Tagen, in denen ich eine Vielzahl von – zum Großteil digitalen – Recruiting-Trends und Werkzeugen des modernen Personalers vorgestellt habe, fragt: „Machen wir alles schon, wann kommen die Geheimtipps?" In dem Moment, in dem der erste Vertreter aus dem Sozial- und Gesundheitswesen diesen Satz zu mir sagt, werden Sie mich jubeln hören. Denn genau da müssen wir hin.

Die Digitalisierung als Chance

„Wer die Digitalisierung nicht als grundlegenden erfolgskritischen Wettbewerbsfaktor und als Chance begreift, setzt häufig die Zukunftsfähigkeit seines Unternehmens aufs Spiel", warnt Journalist und PR-Berater Dominik Ruisinger in „Die digitale Kommunikationsstrategie" (Schäffer Poeschel, 2016):

„Selbst bislang erfolgreiche Geschäftsmodelle werden durch den digitalen Wandel [...] oder die neue Macht der Nutzer zutiefst durchgerüttelt oder sogar infrage gestellt."

Das gilt definitiv auch für unsere Branche. Die Digitalisierung ist ein wesentlicher Faktor, der nicht nur die Personalbeschaffung und -verwaltung betrifft und sie mit HR- und Bewerbermanagement-Softwares wie rexx, HR4YOU, d.vinci, softgarden und vielen anderen schneller, übersichtlicher und besser evaluierbar macht, sondern auch den Arbeitsalltag in den Sozial- und Pflegeberufen beeinflusst: Elektronische Patientenakten, Videosprechstunden, Gesundheits- und Fitness-Apps oder die Pflegedokumentation am Tablet bieten Chancen für eine digitale Zukunft des Gesundheitswesens, die auch die Europäische Union unterstützt. Erste Auswertungen sind in Arbeit – so hat beispielsweise im Januar 2016 die Technische Hochschule Köln ihren neuen Forschungsschwerpunkt „Digitale Technologien und Soziale Dienste" vorgestellt. Und irgendwo zwischen der Digitalisierung des Personalwesens – man spricht auch von eRecruiting, wenn die Personalbeschaffung durch elektronische Medien und Bewerbermanagement-Softwares unterstützt wird – und seit Jahrzehnten unveränderten Stellenanzeigen bewegen sich nun die Personaler in Sozial- und Pflegeeinrichtungen.

Etwas ist in Bewegung geraten, man wartet nicht mehr tatenlos auf Initiativbewerbungen, sondern macht mit Personalmarketing-Kampagnen auf sich aufmerksam. Nur leider lassen die messbaren Erfolge noch auf sich warten. Denn ein Facebookprofil mit sympathischen Teamfotos allein versammelt noch keine Bewerbermassen. Auch wenn zwischenzeitlich ein Social Media-Manager eingestellt wurde, besteht nach wie vor die Herausforderung, mit wenig personellem und finanziellem Aufwand zählbare Bewerberzuwächse zu liefern. Denn die Lage ist kritisch. Ein Personaler berichtete mir im Seminar, er empfange Initiativbewerber, die ihre Bewerbungsmappen persönlich in seiner Einrichtung abgeben, mit den Worten: „Wir suchen zwar gerade nicht, aber wenn Sie schon mal da sind, zeigen Sie mal Ihre Unterlagen". Eigentlich würde er ihnen am liebsten um den Hals fallen, weil er so dringend neue Mitarbeiter braucht, aber er möchte nicht bedürftig wirken, die Bewerber nicht verschrecken, weil sie mitbekommen, wie sehr der Fachkräftemangel drängt, wie viele offene Stellen schnell besetzt werden müssen.

Dieser praktische Ratgeber verschafft Ihnen darum einen schnellen Überblick und eine anschauliche Einführung in die Trends und neuen Wege der Personalbeschaffung; er befähigt Sie mit konkreten Tipps und Beispielen, einige davon sofort umzusetzen. Diese „quick wins", wie es so schön heißt, werden angereichert mit Vorschlägen für größere Projekte wie beispielsweise die Produktion eines guten Karrierefilms für die Einrichtungs-Website, die Sie sich mittelfristig vornehmen können.

Alle Tipps und Ideen, die ich im Folgenden zusammengetragen habe, stammen direkt aus der Praxis und werden von Teilnehmern meiner Seminare erfolgreich angewandt. Dabei gibt es aber nicht die zehn goldenen Ratschläge, die für alle zum Erfolg führen. Die eine Einrichtung arbeitet ganz begeistert mit einer App, die anderswo keinen einzigen Bewerber hervorgebracht hat. Der eine Personaler schwört auf Karrieremessen, weil er im persönlichen Gespräch potentiellen Bewerbern die Vorteile seiner in der tiefsten Provinz gelegenen Einrichtung besser vermitteln kann als über das Internet – der andere stellt nach einer sorgfältigen Auswertung der Messeaktivitäten fest, dass es sich überhaupt nicht lohnt, das viele Geld dafür auszugeben, weil kein einziger Messekontakt in den vergangenen Jahren zu einer Bewerbung geführt hat.

Eine gute Personalgewinnungs-Strategie ist daher immer eine sehr individuelle, auf den konkreten Arbeitgeber zugeschnittene Sache. Es gibt kein Richtig oder Falsch, es gibt nur die Notwendigkeit, mutig und neugierig zu sein, auszuprobieren, aus Fehlern zu lernen, sich auf den Weg zu machen und dem modernen Bewerber entgegenzugehen. Wie das geht, wollen wir uns nun ansehen.

Noch ein letzter Hinweis, bevor wir starten: Ausschließlich aus Gründen der besseren Lesbarkeit wird im Folgenden auf die gleichzeitige Verwendung männlicher und weiblicher Sprachformen verzichtet, ohne damit jedoch eine Diskriminierung zum Ausdruck bringen zu wollen.

Maja Roedenbeck Schäfer

Wichtige Adressen im Netz: Nutzen Sie die Service-Seite

Dieses Buch beschäftigt sich ausführlich mit Anwendungen, Apps und Inhalten, die im Netz zu finden sind. Um den Lesefluss nicht zu stören, sind die Internetadressen meist verkürzt angegeben:

- Das übliche www. (für World Wide Web) wurde im Textfluss weggelassen. Moderne Browser setzen dies seit langem automatisch dazu, wenn man die „Hauptadresse" angibt.

- Sehr lange Internetadressen – URLs – dieser Websites werden meist „verkürzt" wiedergegeben. Zur Erstellung wurde ein URL-Shortener verwendet, der aus langen Webadressen eine „Abkürzung" macht.

Beispiel:

Aus http://bit.ly/1lXd0FP wird ungekürzt:

http://www.soziale-berufe.com/sites/default/files/
downloads/anleitung_zur_produktion_von_videos.pdf

Digitaler Werkzeugkasten auf WALHALLA.de/recruiting

Wir stellen Ihnen die im Buch behandelten Internetadressen thematisch geordnet und verlinkt auf www.WALHALLA.de/recruiting zur Verfügung. Speichern Sie diese Seite als Lesezeichen im Browser. So haben Sie stets Ihren digitalen Werkzeugkasten in Sachen „zeitgemäßes Recruiting" zur Hand.

Wichtige behandelte Begriffe

Active Sourcing	die aktive Suche nach potenziellen Bewerbern in Karrierenetzwerken, Lebenslaufdatenbanken, sozialen Netzwerken usw.
Bewerbermanagement-Software	Computerprogramm, mit dem sich alle Aufgaben der Personalgewinnung von der Stellenausschreibung über Mitarbeiterempfehlungen bis zur Einladung zum Vorstellungsgespräch digital abwickeln lassen
Big Data	große Mengen an Daten sammeln, auswerten und miteinander kombinieren, um daraus Trends herauszulesen oder Unternehmensentscheidungen abzuleiten
Candidate Experienc	„Bewerbererfahrung": die gesammelten Erfahrungen, die ein Bewerber mit einem Arbeitgeber macht – vom Telefonkontakt, über den Besuch der Webseite bis zum Vorstellungsgespräch
Change Management	das Initiieren, Leiten und Durchführen von grundlegenden Veränderungsprozessen in Firmen (Quelle: Duden online)
Emoji	Smileys, Herzchen und andere kleine Bildchen, die Emotionen transportieren sollen und in Chat-Nachrichten versandt werden
Employer Branding	Arbeitgebermarkenbildung
eRecruiting	Personalbeschaffung, die durch elektronische Medien und HR- oder Bewerbermanagement-Softwares unterstützt wird
Facebook	das weltweit größte soziale Netzwerk
Generation Y	die Generation der nach 1980 Geborenen, die in den 2000er Jahren im Teenageralter war; diese Generation gilt als die erste, die mit digitalen Medien aufgewachsen ist und die digitale Gesellschaft maßgeblich geprägt hat
Hashtag	ein Schlagwort, dem das Zeichen # vorangestellt ist; funktioniert bei Twitter, Instagram oder Facebook als Filter für andere Beiträge zum selben Thema

Hidden Talents („versteckte Talente"), Passive Talents („passive Talente")	potenzielle Bewerber, die ihre Motivation zum Arbeitgeberwechsel nicht in den digitalen Kanälen kundtun
HR	Abkürzung für Human Resources, gemeint ist Personalarbeit
HR-Software	Computerprogramm, mit dem sich alle Aufgaben der Personalabteilung von der Pflege der Mitarbeiterstammdaten über die Gehaltsauszahlung bis zum Bewerbermanagement digital abwickeln lassen
Instagram	soziales Netzwerk, Plattform zum Teilen von Fotos und Videos, die mit einfachen Bildbearbeitungsfiltern verfremdet werden
Karrierenetzwerk, Business-Netzwerk	soziale Netzwerke wie XING, LinkedIn oder squeaker, in denen Bewerber und Arbeitgeber Profile anlegen, sich vernetzen und kontaktieren können
LinkedIn	eines der führenden Karrierenetzwerke
Matching-Tools	Anwendungen, die per Algorithmus errechnen, wie gut ein Bewerber und ein Arbeitgeber zusammenpassen, und schließlich nur passende Bewerber zur Einstellung empfehlen
Mobile Instant Messaging-Dienste, Messengers	Anwendungen, mit denen die Nutzer in Echtzeit im 1:1-Kontakt oder in kleinen Gruppen miteinander chatten, einander Fotos oder Videos senden können, zum Beispiel WhatsApp, Facebook-Messenger, Smoope
Mobile Recruiting	Personalgewinnungsmaßnahmen oder -anwendungen, die über Smartphone oder Tablet funktionieren
Recruitainment	Wortschöpfung aus den Begriffen Recruiting und Entertainment; gemeint sind Recruiting-Methoden, die nicht nur informativ, sondern unterhaltsam sind
Recruiter	Mitarbeiter in der Personalabteilung, der ausschließlich mit der Personalbeschaffung vor allem über Active Sourcing beschäftigt ist
Recruiting	Personalbeschaffung

Onboarding-App, Onboarding-Prozess	die enge Begleitung des neuen Mitarbeiters vom Tag der Vertragsunterschrift bis zum Ende der Einarbeitungszeit, gerne mit digitalen Hilfsmitteln
Personalmarketing	Werbemaßnahmen, mit denen Bewerber auf einen Arbeitgeber aufmerksam gemacht werden sollen
Silver Surfer	Menschen jenseits des 50. Lebensjahres, die das Internet, soziale Netzwerke oder Messaging Dienste genauso gerne nutzen wie die Generation Y
Snapchat	Mobile Messaging-Dienst, Plattform zum Teilen von Fotos und kurzen Videos, die sich nach kurzer Zeit selbst zerstören
Social Media	soziale Netzwerke
Social Media Guidelines	Richtlinien für die Nutzung von sozialen Netzwerken und anderen digitalen Kanälen, die Unternehmen ihren Mitarbeitern aushändigen, um das Verhalten dort in gewissem Umfang zu steuern
Social Recruiting	Personalgewinnungsmaßnahmen in den sozialen Netzwerken
soziales Netzwerk	Onlineplattform, auf der Nutzer Profile anlegen, Beiträge posten, liken und kommentieren und die Profilnachrichten anderer Nutzer abonnieren können
Talent Mining	Active Sourcing mit einer strategischen Kombination aus verschiedenen digitalen Technologien
Talentpool	unternehmenseigene Bewerberdatenbank
WhatsApp	derzeit der meist genutzte Mobile Messaging-Dienst in Deutschland
XING	eines der führenden Karrierenetzwerke
YouTube	soziales Netzwerk, Video-Plattform

Recruiting statt Personalarbeit

1

Was kann ein guter Recruiter?

Vermutlich lesen Sie diesen Ratgeber, weil Sie das Recruiting in Ihrer Einrichtung verbessern möchten. Bevor wir uns aber fragen, was Ihr Ziel sein, was denn ein guter Recruiter eigentlich können sollte, müssen wir uns erstmal einigen, ob wir das Wort „Recruiter" überhaupt benutzen wollen.

Im Sozial- und Gesundheitswesen gibt es große Vorbehalte gegen solche englischen Begriffe, die bestimmte Tätigkeiten, die man in der Personalabteilung seit Jahrzehnten unter deutscher Überschrift macht, plötzlich neu betiteln. Es ist absolut verständlich, dass sich so mancher fragt, wozu das gut sein soll. Doch das Wort „Recruiter" beschreibt sehr schön ein neues Verständnis von Personalgewinnung, auf das wir in diesem Ratgeber immer wieder zu sprechen kommen werden. Bisher arbeitete der Mitarbeiter („Personalreferent", „Personalsachbearbeiter"), der mit dieser Aufgabe betraut war, mit einer Methode, die heute spöttisch als „Post & Pray" bezeichnet wird. Frei übersetzt: „Anzeigen schalten und beten". Ein Recruiter dagegen ist jemand, der aktiv loszieht und Personal „besorgt". Es ist jemand, dessen Hauptaufgabe es ist, genau dies zu tun. Recruiter sind nicht nebenbei noch damit beschäftigt, Gehälter auszuzahlen, Urlaubsanträge zu bearbeiten oder was sonst noch an Aufgaben in der Personalabteilung anfällt. Man könnte „Recruiter" mit „Personalbeschaffer" übersetzen. Manche Wörterbücher schreiben „Anwerber", man könnte auch ein Wort daneben stellen, das bereits besser eingedeutscht ist: „Headhunter". Es geht um die Tätigkeit, die bisher Personalberatungen/Personaldienstleister übernommen haben.

Selbst wenn es in kleinen Pflegeheimen oder sozialen Einrichtungen aus Kostengründen unmöglich ist, einen Mitarbeiter einzustellen, der ausschließlich als „Recruiter" tätig ist und nicht auch andere Aufgaben in der Personalabteilung übernimmt, so kann der neue Begriff doch dabei helfen, das Selbstverständnis desjenigen den modernen Gegebenheiten anzupassen. Personalarbeit ist kein klassischer Bürojob mehr, wir müssen wie Vertreter in die Welt hinaus ziehen, auf die Bewerber zugehen und unser Unternehmen „verkaufen" – und sei es auch „nur" in die digitale Welt.

Gutes Recruiting ist Einstellungssache

Welche Kompetenzen sollte dieser Mitarbeiter, unser „Recruiter",
nun also mitbringen, um die Bewerberzahlen erfolgreich zu steigern? Worauf kommt es wirklich an? Geht es darum, irgendwelche
Geheimkanäle zu kennen, in denen sich die Fachkräfte verstecken?
Muss er auf jeden digitalen Trend aufspringen, um seinen Arbeitgeber attraktiv zu machen?

Auf diese Fragen hat Jonathan Campbell eine klare Antwort: Das
ist nicht die Hauptsache. Campbell ist Gründer von socialtalent.co,
einem Start-up aus Irland, das Personalern großer Unternehmen
beibringt, die sozialen Netzwerke und Karrierenetzwerke (besser)
für die Personalgewinnung zu nutzen. Wer die socialtalent-Schule
durchlaufen hat, darf sich „Sourcing Ninja" nennen. Das könnte
man mit „Ausgebildeter Kämpfer für die Personalbeschaffung in
digitalen Kanälen" übersetzen. Auf hrinmind.de, einem Blog für
Recruiting-Trends, sagt Jonathan Campbell:

> „Unserer Erfahrung nach kann jeder ein Sourcing Ninja werden. Es dreht sich
> nicht alles darum, Suchketten zu schreiben und Webseiten mit der X-Ray-
> Methode zu durchleuchten, sondern darum, die Werkzeuge, die direkt vor
> unserer Nase sind, bestmöglich dafür zu nutzen, einen außergewöhnlichen
> Service für den Bewerber zu bieten. Sourcing Ninjas schreiben bessere
> Stellenanzeigen, nutzen ihre emotionale Intelligenz am Telefon, schreiben
> persönlichere E-Mails und behandeln Bewerber mit mehr Respekt. Im Re-
> cruiting geht es um eine bestimmte Denkweise."

Dieses wegweisende Zitat möchte ich ein wenig erklären: Bei der
Suchketten- und der X-Ray-Methode handelt es sich um Fortgeschrittenenmethoden, mit denen man in Karrierenetzwerken
eine größere Anzahl möglicher Bewerber finden kann, die Interesse an einer Mitarbeit in Ihrer Einrichtung haben könnten. Was
Campbell sagen will, ist, dass ein Recruiter, um gut zu sein, sich
nicht als erstes mit solchen Fortgeschrittenenmethoden oder noch
unentdeckten Kanälen beschäftigen muss, die er nach Kandidaten
durchforsten kann. Auch ist kein angeborenes Talent, kein großes
Budget notwendig – jeder kann ein guter Recruiter werden. Am
Wichtigsten sei es, so der Profi, die *bekannten* Werkzeuge best-
möglich zu nutzen. Bevor mit Neuem begonnen wird, sollte das

1

Vorhandene optimiert werden: also die Einrichtungs-Webseite, die Stellenanzeigen, das Facebookprofil, der Messeauftritt, der Bewerbungsprozess – es gibt so viele Stellschrauben, an denen man drehen und etwas verbessern kann. Weiter schlägt Campbell in der zitierten Interviewpassage vor, einen „außergewöhnlichen Service für den Bewerber zu bieten". Schon allein dadurch können Sie sich (zurzeit noch) von der Konkurrenz abheben – in einem Land und einer Branche, in der Personalsachbearbeiter Bewerber mit E-Mails wie dieser vor den Kopf stoßen:

Negativbeispiel:

„Sehr geehrte Damen und Herren, wir haben längst Bewerbungsstopp. Erschwerte E-Mail-Bewerbungen lehnen wir ab."

Seien Sie einfach ein bisschen netter als diese Sachbearbeiterin, das dürfte so schwer nicht sein. Sprechen Sie den Bewerber mit Namen an. Entschuldigen Sie sich dafür, dass Sie seine Bewerbung nicht mehr berücksichtigen können. Bieten Sie ihm an, den Stellenanzeigen-Newsletter Ihrer Einrichtung zu abonnieren oder seine Bewerbung als Initiativbewerbung im Talentpool zu speichern. Ändern Sie Ihren Bewerbungsprozess dahingehend, dass Sie E-Mail-Bewerbungen selbstverständlich annehmen. Vielleicht gelingt ja sogar eine freundliche Rückmeldung wie diese:

Positivbeispiel:

„Wir freuen uns sehr, dass Sie sich für einen Einstieg bei uns interessieren. Umso mehr ärgern wir uns, dass es mit dem Onlinebewerbungsformular nicht klappt und wir im Moment trotz mehrerer Versuche dem Problem nicht auf die Spur kommen. Bitte schicken Sie doch Ihre Bewerbung direkt per Mail an mich, ich verspreche Ihnen, mich dann sofort bei Ihnen zurückzumelden. Gerne können Sie mich auch anrufen. Entschuldigen Sie, dass Sie zusätzlichen Aufwand haben!"

Der Recruiter als Servicedienstleister für den Bewerber

Leider ist die Bewerberkommunikation in Deutschland vielerorts noch sachlich, distanziert und wenig engagiert. Ich hörte die

Anekdote von einem Professor aus den USA, der ein Lehrangebot an einer großen deutschen Universität bekam und zum Vorstellungstermin eingeflogen wurde. Mittendrin brach er entsetzt ab und flog nach Hause, derart unangemessen war ihm die Behandlung durch die Vertreter der Hochschule erschienen. In den USA hätte man sich für einen Kandidaten für eine solch hochkarätige Stelle mehrere Tage Zeit genommen. Hätte ihm die Universität mit ihren Büros, ihrer Mensa, den Laboren oder Fachräumen, die Studenten und die Kollegen ausführlich schmackhaft gemacht, ihn abends zum Dinner in ein Restaurant ausgeführt und ihm die Stadt gezeigt. In Deutschland beschränkt man sich auf ein müdes Vorstellungsgespräch und lässt den Kandidaten selbst arbeiten, nämlich eine Gastvorlesung halten. Bewerber aus anderen Ländern wundern sich über unsere Sitten. Bewerber aus dem eigenen Land zunehmend aber auch.

1

Jonathan Campbell von socialtalent.co wirbt nun dafür, sich als Personaler über seine Rolle klar zu werden. Vom reinen Personalverwalter hat sich der Beruf zum „Servicedienstleister für Bewerber" weiterentwickelt, sagt auf den Punkt gebracht auch er. Und aus seinem Munde, dem Mund eines Experten für echte Fortgeschrittenenmethoden der Personalbeschaffung, ist das umso erstaunlicher – und beruhigender. Denn es geht im Kern nicht um die neuesten Apps und Tools (auch wenn es natürlich wichtig ist, diese zu kennen), sondern um die Einstellung zur eigenen Arbeit. Der Recruiter darf sich nicht zu schade dafür sein, sich bildlich gesprochen in den Schmutz zu knien und dem Bewerber den roten Teppich vor den Füßen auszurollen. Ihm jedes noch so kleine Hindernis, das ihn auf dem Weg vom Erstkontakt zur Vertragsunterzeichnung oder sogar zur erfolgreichen Beendigung der Probezeit stören könnte, aus dem Weg zu räumen. Das gilt in Zeiten des Fachkräftemangels nicht nur für hochkarätige Positionen, sondern auch für Fachkräfte. Und sogar für Hilfskräfte oder Sekretärinnen in der Verwaltung. Einfühlsam am Telefon sein, bessere Stellenanzeigen und persönlichere E-Mails schreiben, das sind Campbells wichtigste Tipps. Der Bewerber soll sich respektiert und ernstgenommen fühlen. Und das tut er, wenn er merkt, dass das Vorstellungsgespräch gut vorbereitet und professionell geführt

1

wird, dass man sich Mühe mit ihm gibt. Wenn der Bewerbungsprozess dann noch ein wenig Spaß macht, ist schon viel gewonnen.

Digitale Werkzeuge sind dazu nicht der einzige Weg, aber doch die Hauptroute, die es einzuschlagen gilt – und außerdem eine große Hilfe. Nur Wundermittel, das sind sie nicht:

> „Wenn Sie einen Scheiß-Prozess digitalisieren, dann haben Sie einen scheiß digitalen Prozess."

Diese sehr deutlichen und wahren Worte über Bewerbungsprozesse in deutschen Unternehmen sprach Jost Gloor vom Pharmaunternehmen Vifor Pharma auf den Social Recruiting Days 2016 [gelesen auf hrinmind.de]. Will heißen: Selbst das schönste für mobile Endgeräte optimierte Onlinebewerbungsformular bringt nichts, wenn der Kandidat nach dem Absenden wochenlang auf eine Antwort warten muss. Hunderte Likes auf Ihrem Facebook-Unternehmensprofil sind nutzlos, wenn sich der Weg von der Bewerbung bis zum Vertrag für Ihre Kandidaten anfühlt wie ein einziger Hürdenlauf.

Und so schließt sich der Kreis zu unserer Eingangsfrage: Was kann ein guter Recruiter? Nun, das Allerwichtigste sind Einfühlungsvermögen und Fingerspitzengefühl. Ein guter Recruiter kann sich in den Bewerber hineinversetzen. Er versteht, was jeder individuelle Kandidat braucht, um sich für einen Arbeitgeber oder einen Jobwechsel zu begeistern. Wie ein Psychologe oder gar Detektiv spürt er die Gründe dafür auf, warum sich jemand bei seinem aktuellen Arbeitgeber nicht mehr wohlfühlt, warum er zögert, seine Bewerbung abzusenden, oder wie genau er angesprochen werden möchte, um sich umsorgt, aber nicht bedrängt zu fühlen.

Fazit: Die Bedürfnisse seiner Bewerber zu kennen, ist viel wichtiger, als stets der Erste zu sein, der ein Unternehmensprofil auf der neuesten und hippsten Onlineplattform anlegt.

Erfahrung aus anderen Branchen ist Gold wert

Vielleicht der wichtigste Tipp für Sozial- und Pflegeeinrichtungen: Engagieren Sie für Ihre Personalabteilung einen Mitarbeiter, der mehrjährige Berufserfahrung als Recruiter in einer anderen Branche mitbringt und Ihre Personaler bei den notwendigen Veränderungen inspirieren und unterstützen kann. Der Blick von außen, mit dem ein solcher Branchenwechsler auf Ihre Recruitingprozesse schaut, ist Gold wert. Keine Fortbildung der Welt kann Ihre Personalsachbearbeiter, die seit langen Jahren Fachkräftegewinnung auf klassischem Wege betreiben, von heute auf morgen dazu bringen, ihre Gewohnheiten über den Haufen zu werfen. Ja, jeder kann ein guter Recruiter werden, wie Jonathan Campbell sagt, jedoch dauert das seine Zeit und braucht Übung. Der Fachkräftemangel aber drängt schon heute. Sie benötigen einen Mitarbeiter, dem es gelingt, Ihre Personalbeschaffung und Bewerbungsprozesse innerhalb kürzester Zeit umzukrempeln.

Genauso wie es Führungskräfte aus der Wirtschaft gibt, die in den sozialen Bereich wechseln, weil sie nicht länger Konsumprodukte verkaufen, sondern ihrer Arbeit einen Sinn verleihen möchten, begegnen mir immer wieder Personaler, die unter aus unserer Sicht traumhaften Bedingungen in großen Personalabteilungen mit großem Etat rekrutieren, und doch mit einem Wechsel ins Sozial- und Gesundheitswesen liebäugeln. „Ich wollte einfach am Ende des Tages wissen, wofür ich gearbeitet habe", erzählte mir eine jüngere Seminarteilnehmerin, die kürzlich von einer Unternehmensberatung in eine soziale Organisation gewechselt war. Leider stand sie für ein Interview für dieses Buch nicht zur Verfügung, wusste aber von spannenden Eindrücken zu berichten. Zum Beispiel von diesem: Wenn Bewerber bei ihrem neuen Arbeitgeber, in der sozialen Organisation, anrufen, weil sie Fragen zu einer Stellenausschreibung haben, versucht der Empfang, sie an den entsprechenden Mitarbeiter durchzustellen. Gelingt das nicht, weil der Mitarbeiter gerade nicht am Platz ist, bekommt der Bewerber die Durchwahl genannt und wird gebeten, es später selbst noch einmal zu versuchen. Meine Seminarteilnehmerin kommentierte fassungslos: „Das kann man doch nicht machen! In der Unternehmensberatung hätten wir uns selbstverständlich die Telefonnummer des Bewerbers geben lassen und ihn so schnell wie möglich von uns aus zurückgerufen! Soziale Arbeitgeber haben einfach noch nicht verstanden, was Dienstleistungsorientierung ist."

1

Einen Mitarbeiter mit einem solchen Erfahrungshintergrund an Bord zu holen, ist die allererste Recruitingmaßnahme der neuen Art, die Sie durchführen sollten. Und wenn er seine Arbeit aufnimmt, sorgen Sie dafür, dass er freie Hand bekommt, Prozesse eigenverantwortlich umzustrukturieren und Neues einzuführen. Auszuprobieren und dabei auch mal einen erfolglosen Versuchsballon zu starten, ohne sich ständig rechtfertigen zu müssen. Der Etat ist dabei gar nicht das Wichtigste, sondern der Mut, Personalbeschaffung völlig neu zu denken, auf Erfahrung zu vertrauen, auch größere Veränderungen zuzulassen und die üblichen komplexen Prozesse, die dafür normalerweise in Ihrem Unternehmen durchlaufen werden müssen, zu umgehen. Change Management ist das Schlagwort der Stunde, wenn die Digitalisierung Einzug in Ihre Einrichtung hält und die Personalabteilung als erste davon profitiert.

> **Definition: Change Management**
>
> Unter Change Management versteht man laut Duden das „Initiieren, Leiten und Durchführen von grundlegenden Veränderungsprozessen in Firmen". Es ist wichtig zu verstehen, dass die Neuausrichtung der Rekrutierung nicht etwa ein kleines Projektchen, sondern ein solcher grundlegender Veränderungsprozess ist, der die gesamte Einrichtung durchrütteln wird und sollte.

Warum niemand mehr Bewerbungen schreibt

Der Grund dafür, dass sich unsere Recruiting-Prozesse so drastisch ändern müssen, ist die Tatsache, dass sich die Situation unserer Bewerber drastisch geändert hat. Und damit meine ich nicht nur die neue Marktmacht der Fachkräfte, die dadurch entsteht, dass aufgrund des demografischen Wandels die Nachfrage groß und der Talentpool klein ist. Ja, es stimmt: Wo immer weniger junge Menschen nachwachsen, die Berufe wie Altenpfleger lernen, gleichzeitig aber geburtenstarke Generationen immer älter und pflegebedürftiger werden, entsteht ein Fachkräftemangel. Wo neue Gesetze Kitaplätze für immer jüngere Kinder garantieren, aber zu wenig junge Menschen da sind, die sich dafür entscheiden, Erzieher zu werden, passiert dasselbe. Und wo keine Fachkraft ist, kann auch keine Fachkraft eine Bewerbung schreiben. Doch das ist nicht der einzige Grund für den Bewerberrückgang. Es gibt andere gesellschaftliche Trends, die dazu führen, dass niemand mehr gerne Bewerbungen schreibt. Was ich im Folgenden beschreibe, sind Thesen, die aus meiner täglichen Erfahrung mit Bewerbern, aus Gesprächen in Schulen, auf Messen und in den sozialen Netzwerken sowie aus der Auswertung unserer Bewerberbefragungen bei der Diakonie entstanden sind:

1

Zunächst sind es Menschen heutzutage gewohnt, dass alles auf's Sofa geliefert wird, ohne dass sie sich dafür anstrengen müssen. Der Pizzabote bringt das Abendessen, die Amazon-Drohne bald die neue Kaffeemaschine. Niemand muss mehr Mammuts jagen oder sich bei Mediamarkt ins Getümmel stürzen, um zu bekommen, was er braucht – bestellt wird per Klick. Das führt dazu, dass ein Mensch, der Arbeit sucht oder mit seiner aktuellen Arbeit unzufrieden ist, nun irgendwie auch von seinem neuen Job erwartet, dass er ihm in den Schoß fällt. Und das gilt nicht nur für Digital Natives, also junge Menschen, die mit Handys und Tablets aufgewachsen sind und noch viel selbstverständlicher mit den Annehmlichkeiten der digitalen Welt umgehen als ältere Generationen. Ich spreche hier auch nicht von einer Randgruppe fauler „Sesselpupser", die Sie sowieso nicht für die verantwortungsvolle Arbeit in Ihren Jugendwohngruppen oder Pflegediensten gebrauchen können. Ich spreche wirklich vom „Mainstream", also vom Großteil der Bewerber, mit denen ich zu tun habe. Von Menschen, die beides sind – engagierte Fachkräfte, die einen guten Job machen, und gleichzeitig von der digitalisierten Gesellschaft geprägte „Zurücklehner" mit „Liefermentalität". Man jammert über den aktuellen Job, fühlt sich aber nicht bemüßigt, sich anderweitig umzusehen. Man wartet ab. Irgendwas wird sich doch sicher ergeben. „Passive Talents" heißen im Recruiter-Jargon solche potentiellen Interessenten, von denen Sie zunächst gar nicht wissen können, dass es sie gibt – weil sie nicht aktiv auf Stellensuche sind, weil sie sich nicht bemerkbar machen. Diese Gruppe ist größer als Sie denken und birgt ein großes Potential an Fachkräften für Ihr Unternehmen.

1

Exkurs: Abwerbung von Mitarbeitern

Das Thema Abwerbung von Personal hat in unserer Branche einen faden Beigeschmack. Es scheint einfach nicht zum Geschäft mit Menschen und noch weniger zum Konzept der Nächstenliebe zu passen, dass in Zeiten des Fachkräftemangels ein Pflegeheim dem anderen die Mitarbeiter ausspannt und am Ende die Patienten oder Klienten darunter leiden. Doch ob wir das gut finden oder nicht, der Sozialmarkt unterliegt schon seit den 1990er Jahren den gleichen Bedingungen wie die kommerzielle Wirtschaft. Sozialeinrichtungen müssen unternehmerisch denken, wenn sie fortbestehen wollen. Dazu gehört, sich vor der Digitalisierung nicht zu verschließen, dazu gehört aber auch, Methoden wie das aktive Abwerben von Personal zu beherrschen. Und das klingt auch gleich gar nicht mehr so beschämend, wenn man sich klarmacht, dass es ja nicht darum geht, pflegerische oder pädagogische Fachkräfte à la Rattenfänger von Hameln aus ihren Beschäftigungsverhältnissen zu locken. Es geht darum, ihnen wirklich bessere Arbeitsbedingungen zu bieten als die Konkurrenz und dann guten Gewissens im Personalmarketing sagen zu können: Bei uns seid ihr besser aufgehoben.

Die Kontaktaufnahme kostet Überwindung

Durch digitale Kommunikationskanäle wie Facebook oder WhatsApp geht in unserer Gesellschaft die Gewohnheit, persönlichen Kontakt aufzunehmen, zunehmend verloren. Lieber chattet man den ganzen Nachmittag, um die Verabredung für abends durchzusprechen und dann doch noch schnell per WhatsApp abzusagen, als einfach mal kurz anzurufen. Statt über Gefühle zu sprechen, werden Emojis verschickt. Darüber kann man sich grämen, aber das bringt nicht viel, denn es ist für viele Menschen zum normalen Verhalten geworden. Vor dem Hintergrund, dass selbst Freunde untereinander weniger persönlich kommunizieren, wird es verständlich, welche Überwindung es einen Bewerber von heute kostet, Kontakt zu einem Arbeitgeber aufzunehmen. Sei es, um eine Unklarheit zum Bewerbungsverfahren zu beseitigen, die ihn bisher davon abhält, seine Bewerbung einzureichen, oder um ein

Vorstellungsgespräch abzusagen. Er muss gegen die antrainierte Gewohnheit handeln.

Beispiel: Die WhatsApp Berufsberatung der Diakonie

Als wir bei der Diakonie Anfang 2015 die Berufs- und Bewerberberatung per WhatsApp einführten und ich dazu die Nummer meines Diensthandys online stellen musste, hatte ich große Befürchtungen, dass sich die Ratsuchenden in Scharen telefonisch melden würden, statt wie vorgesehen Textnachrichten zu schicken. Das wäre ja eigentlich viel einfacher für sie gewesen, vor allem weil viele von ihnen umfangreiche Lebensläufe schilderten und Möglichkeiten des Quereinstiegs in die Sozial- und Pflegeberufe suchten. Für mich wäre die telefonische Beratung aufgrund meiner anderen Aufgaben allerdings nicht zu leisten gewesen – nur schriftliche Chat-Nachrichten lassen sich auch zwischendurch in der Sitzung oder im Seminar beantworten.

Tatsächlich hat in den über zwei Jahren, die es das Angebot der Berufs- und Bewerberberatung der Diakonie per WhatsApp nun gibt, nicht mehr als eine Handvoll Ratsuchender angerufen – obwohl meine Telefonnummer online zu finden ist. Gleichzeitig erreichen mich rund 100 Chatanfragen pro Halbjahr.

Fazit: Bewerbungsprozesse werden heute stark von der Vermeidung persönlicher Kontakte beeinflusst. Im Zweifelsfall wird lieber die Bewerbung, zu der noch offene Fragen bestehen, nicht abgeschickt, als dass der Bewerber sich überwindet anzurufen und die Fragen zu klären.

Rechtschreibung als Qualitätsmerkmal für Fachkräfte?

Chatten und Posten sind die beliebtesten Kommunikationsformen der Gegenwart – und dabei geht den Menschen oft jegliches Gefühl für Rechtschreibung und Grammatik verloren. Bei WhatsApp oder in der SMS Nomen oder Satzanfänge klein zu schreiben, Artikel oder Kommata wegzulassen, gilt als völlig normal. Steht man dann plötzlich vor der Aufgabe, eine Bewerbung zu formulieren,

1

und der Bewerbungsratgeber betont, wie wichtig darin korrekte Rechtschreibung und Grammatik seien, empfindet man das als unüberwindbare Herausforderung. Natürlich gibt es in Schreibprogrammen wie Word die automatische Rechtschreibkorrektur und sicher auch jemanden im Bekanntenkreis, den man bitten könnte, die Bewerbung auf Fehler zu prüfen. Doch in Zeiten, in denen Onlinebewerbungsformulare zunehmend am Tablet oder Handy ausgefüllt werden und in denen die Konzentrationsspanne, die ein Mensch für eine Aufgabe wie das Schreiben einer Bewerbung aufzubringen vermag, aufgrund der Reizüberflutung nachgewiesenermaßen kürzer wird, wird das eben doch zum Problem. Die Bewerbung zu korrigieren, dauert einfach zu lang! Gerade von Auszubildenden oder Berufseinsteigern höre ich oft, dass ihre Lehrer oder Dozenten ihnen wahnsinnige Angst vor dem Schreiben von Bewerbungen eingeflößt hätten, indem sie ein ums andere Mal betonten, wie perfekt eine Bewerbungsmappe zu sein hat. In der guten Absicht, dem Nachwuchs beizubringen, dass man sich Mühe geben und die Jobsuche nicht auf die leichte Schulter nehmen sollte, erreichen die Lehrer so genau das Gegenteil: dass sich niemand mehr traut, sich überhaupt zu bewerben.

Wenn ich diesen Zusammenhang erläutere, entgegnen Personaler oder Einrichtungsleiter aus Sozial- und Pflegeeinrichtungen oft: Fachkräfte, die Grammatik und Rechtschreibung nicht können, brauchen wir sowieso nicht. Unsere Mitarbeiter müssen Pflegedokumentationen schreiben, mit Ämtern kommunizieren, Kinder und Jugendliche erziehen – da wäre es fatal, wenn sie sich nicht korrekt ausdrücken könnten.

Es geht hier aber nicht um ein paar vereinzelte Randfiguren, die so schlecht Deutsch sprechen, dass man sie wirklich nicht auf Patienten, Klienten und Angehörige loslassen kann. Es geht um die breite Gruppe der Durchschnittsbewerber (Durchschnitts*menschen*), die Rechtschreibung und Grammatik immer weniger gut beherrschen – unter anderem wegen der in den digitalen Kanälen üblichen Nachlässigkeiten, aber auch wegen der Zustände und von Experten kritisch gesehenen Lehrmethoden in den deutschen (Grund-)Schulen. Wir können sie nicht alle aussortieren – und sollten es auch nicht. Denn haben Sie überhaupt jemals statistisch ausgewertet, ob Kandidaten, die im Bewerbungsanschreiben weniger Rechtschreibfehler machen, am Ende wirklich die besseren Pflegekräfte sind? Ob sie Ihrem Unternehmen länger treu bleiben? Ob Sorgfalt in Wort und Schrift automatisch mit Sorgfalt im Umgang mit Klienten einhergeht? Letztendlich ist es nur eine Vermutung.

1

Bewerberbedürfnisse verstehen

Vielleicht fragen Sie sich, warum es bisher scheinbar nur um die „Digital Natives" geht, also um jene jungen Menschen, die mit Smartphones und Tablets aufgewachsen sind, den ganzen Tag hinter Minibildschirmen kleben und sich kaum noch von Angesicht zu Angesicht unterhalten. Betrifft denn nicht alles, was wir oben besprochen haben, nur die so genannten Generationen Y und Z? Man kann doch nicht den ganzen Personalbeschaffungsprozess auf diese Gruppe ausrichten! Das ist ein Argument, das ich häufig höre. Was ist mit den berufserfahrenen Pflegekräften um die fünfzig, die wir auch rekrutieren wollen und die durchaus noch in der Lage sind, sich auf das Lesen einer Stellenanzeige zu konzentrieren? Was ist mit Führungskräften, die im Sozial- und Pflegebereich eher konservativ ticken?

Wer so fragt, vergisst häufig, dass die viel zitierte Generation Y, die als erste Generation unmittelbar von der Digitalisierung geprägt wurde, inzwischen auch schon um die dreißig Jahre alt ist. Die Generation Y, das ist der Nachwuchs, der in den 2000er-Jahren im Teenager-Alter war. Siebzehn Jahre später sind das keine kleinen Kinder mehr, sondern Erwachsene, die ihren Bachelor Elementarpädagogik schon einige Jahre in der Tasche haben oder, wenn sie den Weg über eine Pflegeausbildung gewählt haben, vielleicht sogar schon seit fünf, sechs, sieben Jahren auf Station arbeiten. Und mit ihnen werden die Gewohnheiten der digitalen Gesellschaft älter und zunehmend zum Standard.

Wenn wir von digitalen Anwendungen und sozialen Netzwerken sprechen, die im Trend sind, geht es nicht um ein paar schlacksige Jugendliche, die sich die Schulpausen damit vertreiben. Auch ältere Mitarbeiter in sozialen Einrichtungen erzählen mir, dass sie ins-

1

geheim dankbar seien für die Anspruchshaltung der Generation Y. Die „jungen Leute" hätten so schon einige Verbesserungen der Arbeitsbedingungen durchgesetzt, von denen auch die Älteren profitierten. Man merke jetzt, dass man sich viel zu lange viel zu viel gefallen lassen habe. Und mit der Anspruchshaltung der Jüngeren übernehmen die Älteren auch deren Neugier auf neue mobile Endgeräte, deren Spaß an digitalen Anwendungen – und die oben beschriebenen Konsequenzen, die damit verbunden sind. Die so genannten Silver Surfer sind in den vergangenen Jahren die am stärksten wachsende Nutzergruppe bei Facebook gewesen. Und die Digitalisierung kennt sowieso keine Branchen- oder Altersgrenzen.

Zielgruppengerechte Bewerberansprache

Seine Bewerber zu kennen, bedeutet nicht, Vermutungen darüber anzustellen, ob oder ob nicht sie bestimmte digitale Kanäle kennen oder nutzen oder welche Bewerbungs- oder Arbeitsbedingungen sie schätzen, sondern diese Vermutungen zu verifizieren. Dass nur die ganz Jungen über Social Media-Kanäle oder Apps anzusprechen wären, ist so eine Vermutung, die bei näherer Betrachtung hinterfragt werden muss. Laut der „Social Media Personalmarketing Studie 2016" nutzen Fach- und Führungskräfte Kanäle wie Social Media oder Arbeitgeberbewertungsportale sogar häufiger für die Suche nach Jobs und Informationen über Arbeitgeber oder gar als Entscheidungsgrundlage als Studenten/ Absolventen.

In der Folge etablieren sich auch eigene digitale Kanäle für die Führungskräftegewinnung wie experteer.de. „In Bezug auf die Zielgruppenansprache deuten die Studienergebnisse darauf hin, dass die häufig genutzte Argumentation, man würde die Generation Y und Z (nur) über Social Media erreichen, so nicht gilt", heißt es in der oben genannten Studie. Und: „Eine stärkere Auseinandersetzung mit den Zielgruppen scheint unabdingbar."

Wo erreicht man junge Leute?
Kanäle für die Nachwuchsgewinnung (Auswahl)

- Schüler: boys-day.de
- Auszubildende: ausbildung.de, yousty.de, azubiyo.de, Azu-bi-Messen (einstieg.com)
- Studenten/Absolventen: campusjaeger.de, staufenbiel.de, absolventa.de, trainee-gefluester.de, trainee.de, praktikum.info, careerguide24.com
- Nachwuchs allgemein: talentsconnect.com

Für eine wirklich zielgruppengerechte Bewerberansprache ist die Kategorisierung in Nachwuchs-, Fachkräfte- und Führungskräftegewinnung ohnehin nicht ausreichend. Azubi ist nicht gleich Azubi, Führungskraft nicht gleich Führungskraft. Jeder Bewerber bringt eine ganz konkrete Motivation für den Arbeitgeberwechsel mit sich, und diese gilt es herauszuarbeiten. Was für den einen wichtig ist, muss es für den anderen noch längst nicht sein. Nehmen wir als Beispiel das ständige Unterwegssein im Arbeitsalltag der ambulanten Pflegefachkraft. Betrachtet es der Bewerber als Vorteil oder Nachteil? Dazu gibt es keine eindeutige Antwort. Dem einen gefällt es, für ihn sind die frische Luft und das kurze Abschalten zwischen den Einsätzen genau der Grund, aus dem er sich von der stationären in die ambulante Pflege verändern möchte. Der andere Bewerber schätzt etwas ganz anderes an diesem Tätigkeitsfeld, vielleicht die enge Bindung zu den Stammpatienten, während das Hetzen von einem Einsatz zum nächsten im Berufsverkehr eher ein notwendiges Übel ist, das er dafür in Kauf nimmt. Gutes Recruiting bedeutet, für jeden die richtige Ansprache zu finden.

Beispiel 1:

Möchten Sie Ihre Strategie darauf ausrichten, Fachkräfte aus der stationären Pflege für Ihren ambulanten Pflegedienst abzuwerben? Dann könnten Sie so formulieren: „Adieu, Desinfektionsmittelgeruch und Neonlicht auf Station, Willkommen an der frischen Luft. Bei uns bleiben Sie in Bewegung!"

1

Möchten Sie dagegen Pflegekräfte mit Berufserfahrung in der ambulanten Pflege zu einem Wechsel in Ihre Pflegestation motivieren, ließen sie sich eher durch ein Argument wie das folgende ködern: „Berufsverkehr, ständig neue Touren und die ewige Parkplatzsuche können die ambulante Pflege anstrengend machen – bei uns betreuen Sie täglich dieselben Patienten in einem Einzugsgebiet, das Sie auch mit dem Fahrrad bewältigen können!"

Beispiel 2:

Möchten Sie Ihr Führungskräfte-Recruiting eher darauf ausrichten, Managern aus der Wirtschaft einen Wechsel in den Sozial- und Gesundheitsbereich schmackhaft zu machen? Dann betonen Sie in Ihren Stellenanzeigen: „Sie sind gerne Führungskraft, aber möchten Ihre Kompetenzen in Zukunft dafür einsetzen, ‚etwas Gutes zu tun'? Wir bieten Ihnen eine Karriere mit Sinn."

Oder zielen Sie eher darauf ab, geeignete Nachwuchskräfte aus unserer eigenen Branche im Rahmen der Personalentwicklung fit fürs Management zu machen? Dann könnte der Tenor eher lauten: „Einmal Altenpfleger, immer Altenpfleger? Nicht bei uns! Mit unserem mehrjährigen Managementtraining bereiten wir die besten Absolventen eines jeden Ausbildungsjahrgangs auf ihre Karriere vor."

Bewerbermotivation konkret ansprechen

Personal wird heute an allen Ecken und Enden gesucht, alle möglichen Arbeitgeber versprechen alles Mögliche. Darum wirken Recruiting-Kampagnen umso besser, je konkreter sie sind. Der klassische „Rundumschlag" in Form von Stellenanzeigen, in denen „Erzieher/Sozialpädagogen/Heilerziehungspfleger" für eine inklusive Kita gesucht werden, oder in Form von Karrierewebseiten, die von der „angemessenen Vergütung" bis hin zu „vielfältigen Weiterbildungsmöglichkeiten" einfach alles auflisten, was als Arbeitgebervorteil so im Umlauf ist, ist wenig Erfolg versprechend. Die Idee dahinter ist klar: Es soll für jede Zielgruppe etwas dabei sein, jeder nur irgend passende Bewerber soll mit abgegriffen werden. Leider geht die Rechnung nicht auf. Wenn Sie unkonkret bleiben, fühlen sich nicht alle, sondern es fühlt sich überhaupt niemand angesprochen.

Stellen Sie sich stattdessen lieber einen ganz konkreten Bewerber in einer ganz konkreten Lebenssituation vor und holen Sie ihn ab. Machen Sie eine Kampagne speziell für karriereambitionierte Pflegekräfte. Oder für den reiselustigen Nachwuchs, so wie es der Mariaberg e.V. tut (siehe Interview unten). Oder für Wiedereinsteiger nach der Elternzeit. Dazu finden Sie am Ende des Kapitels ein Bildbeispiel der Vivantes Hauptstadtpflege.

Natürlich schließen Sie mit Personalmarketing-Kampagnen wie diesen oder auch Recruiting-Kanälen, die auf eine konkrete, sehr eng gefasste Zielgruppe zugeschnitten sind, andere Bewerbergruppen zunächst aus. Wem die Vereinbarkeit von Beruf und Familie gerade nicht unter den Nägeln brennt, wer sich davor scheut, mehr Verantwortung zu übernehmen oder wen die große, weite Welt nicht reizt, der fühlt sich womöglich nicht angesprochen. Oder vielleicht ja doch, denn Arbeitgeber, die die Bedürfnisse ihrer Mitarbeiter kennen, wirken grundsätzlich sympathisch. Von solchen Arbeitgebern verspreche ich mir eher, dass sie dann auch meine Bedürfnisse verstehen werden, selbst wenn es gerade ganz andere sind. Und ansonsten fokussieren Sie sich eben im nächsten Jahr auf eine andere Bewerbergruppe.

Best Cases – Interview mit dem Ausbildungsleiter des Mariaberg e.V., Träger der Jugend- und Behindertenhilfe

Ab ins Ausland! Attraktive Arbeitgeber lassen Azubis und Fachkräfte einen Blick über den Tellerrand werfen

Kaum ein junger Mensch, der nicht nach dem Schulabschluss eine Rucksackreise durch Asien macht oder im Studium ein Auslandssemester einplant. Der Nachwuchs denkt und lebt global – und ein Arbeitgeber, der attraktiv sein will, muss darauf reagieren. So verloste das Bäckerhandwerk in seinem Nachwuchsportal back-dir-deine-zukunft.de ein Praktikum bei einem deutschen Bäcker in Shanghai und ließ die Gewinnerin von ihrer Reise bloggen. Die Handwerks-, Industrie- und Handelskammern schickten laut Bäckerhandwerk allein im Jahr 2010 insgesamt 1.500 junge Menschen für einen Teil ihrer

Lehre ins Ausland. Im Bereich Gesundheit und Soziales gibt es bis auf den Freiwilligendienst im Ausland und die Karriere als Entwicklungshelfer wenige etablierte Möglichkeiten, über den Tellerrand zu schauen. Der Mariaberg e.V., ein Träger der Jugend- und Behindertenhilfe auf der Schwäbischen Alb, will das ändern und bietet seinen Auszubildenden und Fachkräften seit sieben Jahren Aufenthalte unter anderem in Lissabon, Birmingham oder Wien an. Verantwortlich ist Ausbildungsleiter Michael Backhaus.

Herr Backhaus, wie kam es dazu, dass Mariaberg Auslandspraktika anbietet?

Es war etwa 2010, als verschiedene Studien über die demografische Entwicklung herauskamen und wir ahnten, dass uns das Problem des Fachkräftemangels auf dem Land besonders stark treffen würde. Uns war sofort klar: Wir müssen nicht nur Nachwuchsgewinnung machen, wir müssen unsere Ausbildung qualitativ besser aufstellen, um ein attraktiver Arbeitgeber zu sein und zukünftig genügend Fachkräfte zu bekommen. Es ging um neue Ausbildungsstandards, die enge Begleitung unserer Auszubildenden, es ging darum, Strukturen zu hinterfragen, zu überlegen: Was brauchen junge Menschen heute, um sich wohlzufühlen? In dem Zuge hörte ich vom Erasmus Plus-Programm der EU, mit dem Azubis großer Wirtschaftsunternehmen ins Ausland gingen. Da habe ich mich gefragt: Warum machen wir sowas im sozialen Bereich nicht? Zuerst ging es gar nicht darum, ein attraktiver Arbeitgeber zu sein, sondern darum, den europäischen Gedanken mit in unsere Arbeit zu bringen. Doch auf Ausbildungsmessen habe ich gemerkt: Die Jugendlichen fahren auf unser neues Angebot ab! Die meisten Gespräche, die ich dort führe, haben das Auslandspraktikum als Aufhänger.

Wie ist Ihr Auslandsprogramm organisiert?

Ich beantrage pro Jahr 20 Auslandspraktikumsplätze und bekomme von der EU ein Budget für die Organisation, für Reisekosten und Unterkunft. Unsere Azubis gehen für drei Wochen nach Bozen, Wien, Linz, Tallinn, Birmingham und Sibiu in Rumänien. Sie arbeiten in Einrichtungen vor Ort, absolvieren aber auch ein Kulturprogramm. Grundsätzlich können sich alle unsere Auszubildenden für das Programm bewerben. Alle Unternehmen, die sich in der beruflichen Bildung bewegen, können Gelder für solche Programme von der EU bekommen. Die Antragstellung ist etwas zeitaufwändig, aber recht einfach, sofern man sich vorher ein paar Gedanken dazu gemacht hat, wie man das Programm intern organisieren möchte und was man damit bezwecken will. Die Bundesregierung hat sich das Ziel gesetzt, zehn Prozent aller Auszubildenden im dualen System ins Ausland zu bringen, daher werden die Mittel für Auslandspraktika in der Berufsbildung nochmals erhöht und die Wahrscheinlichkeit einer Bewilligung steigt weiter an. Eine intensive Unterstützung beim Antrag bietet die Nationale Agentur beim Bundesinstitut für Berufsbildung (na-bibb.de) und – für evangelische oder diakonische Einrichtungen – die Servicestelle für EU-Förderpolitik und -projekte (http://bit. ly/2iiilZS). Nach der Bewilligung organisiert man die Praktika gemeinsam mit internationalen Partnern und nach der Durchführung benötigt man lediglich eine Bestätigung des Partners, dass das Praktikum stattgefunden hat.

Geht es vor allem darum, dass Ihre Azubis Spaß haben oder bringt das Auslandspraktikum auch Ihnen und den Partnereinrichtungen etwas?

Klar bringt es allen Beteiligten etwas! Eine Auszubildende aus unserer Kinder- und Jugendpsychiatrie war in Südtirol zum Praktikum. Währenddessen wurde ein Klient mit autistischen Verhaltensweisen aufgenommen und die Leute vor Ort wussten nicht, wie sie damit umgehen sollten. Unsere Auszubildende kannte sich aus der Jugendpsychiatrie mit Autisten aus, hat die Strukturen für den Klienten mitentwickelt und war bei der Eingewöhnung dabei. Wir als Einrichtung profitieren auch sehr stark von den neuen Erfahrungen, die unsere Auszubildenden aus dem Ausland mitbringen. Manche sind zurückhaltend und haben Angst zu gehen, aber kommen umso begeisterter zurück: „Ich bin viel selbstbewusster geworden! Dadurch dass ich ganz alleine im Ausland war, mich zurechtfinden musste und das gut hinbekommen habe, traue ich mir jetzt viel mehr zu", sagte eine Teilnehmerin zu mir. Andere sind so in der alltäglichen Arbeit eingespannt, dass es dem Team schwerfällt, sie gehen zu lassen. Trotzdem ermöglichen wir ihnen die Teilnahme und erleben große Dankbarkeit: „Ich habe einen völlig neuen Arbeitsansatz gesehen und bin beeindruckt über die Qualität der Arbeit im Ausland. Ich nehme viel mit für meine Arbeit. Auch finde ich es cool, dass mir mein Arbeitgeber das ermöglich hat."

Bauen Sie Ihr Auslandsprogramm weiter aus?

In jedem Fall werden wir unsere Praktika im Ausland weiter ausbauen – aus zwei wichtigen Gründen: Die Auszubildenden schätzen das Angebot sehr und wir wollen möglichst vielfältige Lernfelder anbieten, von denen wir profitieren können. Denken wir nur an Bildung in Skandinavien oder Inklusion in Italien. Aktuell haben wir Kontakte nach Griechenland, Island und Schweden, wo wir hoffen, neue Partner gewinnen zu können. Ziel ist es nicht nur, die Auszubildenden in ein Praktikum zu schicken, sondern die internationale Zusammenarbeit der Unternehmen voranzubringen – Innovationstransfer ist das Motto. Wir als Einrichtung empfinden eine große Verantwortung für Europa und europäische Strukturen, vor allem in Zeiten, in denen Europa mehr und mehr kritisch gesehen wird. Die Entwicklung gemeinsamer europäischer Werte und Solidarität über die nationalen Grenzen hinweg wird nur gelingen, wenn wir die Menschen miteinander in Kontakt und unsere Sicht auf die Dinge in einen europäischen Kontext bringen. In einer globalisierten Welt kann soziale Arbeit nicht an den nationalen Grenzen halt machen.

„Und das geht?"

Vivantes
HAUPTSTADTPFLEGE

Ja – bei uns.

Wenn Sie als **Pflegefachkraft in der Altenpflege** zu Vivantes Hauptstadtpflege kommen, finden wir genau das Arbeitszeitmodell, das für Sie passt. Bei uns geht das.

Anruf genügt: (030) 130 1 118 30
Und noch mehr Gründe zu wechseln: **www.hier-geht-das.de**

Abbildung 1: Personalmarketing-Plakat zum Thema „Vereinbarkeit von Familie und Beruf" der Vivantes Hauptstadtpflege, © Vivantes Hauptstadtpflege

Niederschwellige Möglichkeiten der Kontaktaufnahme und Bewerbung

Bedürfnisse mit digitalen Tools bedienen

Nachdem wir uns die Bedürfnisse der Bewerber und verschiedenen Bewerberzielgruppen von heute vergegenwärtigt haben, stelle ich nun im Folgenden verschiedene Werkzeuge vor, die Unternehmen erfolgreich für die Personalbeschaffung nutzen oder die ganz neu auf dem Markt sind und ihre Tauglichkeit erst noch beweisen müssen.

2

Wichtig zu wissen: Digitale Tools sind nicht deswegen gut, weil sie eine besonders ausgefuchste Technik bieten oder das Rad völlig neu erfinden. Sie sind gut, weil sie den Bedürfnissen des modernen Bewerbers meist auf sehr simple und direkte Art und Weise entgegenkommen. Ziel ist es nicht, jedes einzelne von ihnen zu bedienen, sondern sich die passenden herauszupicken, um den Bewerbungsprozess für beide Seiten zu einer angenehmen, spannenden oder unterhaltsamen Erfahrung zu machen.

Sind Bewerber aus dem Sozial- und Gesundheitswesen digital affin?

Häufig höre ich das Argument, Bewerber aus dem Bereich Pflege und Soziales seien nicht so internetaffin wie Bewerber aus anderen Branchen. Deshalb bringe der Einsatz der ganzen modernen Kanäle sowieso nichts, „unsere" Leute seien einfach nicht daran gewöhnt.

Doch die Logik dieser Argumentation hinkt. Auch in anderen Branchen waren die Bewerber vor fünf Jahren noch nicht in dem Umfang an das schnelle, digitale Recruiting gewohnt wie heute. Keiner von ihnen würde in einer Personalabteilung vorsprechen mit den Worten: „Ich habe durch die Nutzung von WhatsApp eine Liefermentalität entwickelt und verspüre daher das Bedürfnis nach niedrigschwelligen Bewerbungsmöglichkeiten. Wenn Sie keine Chat-Bewerbung anbieten, brauchen Sie mit mir nicht zu rechnen."

Solche Bedürfnisse entstehen unbewusst. Andere Branchen haben das schon vor Jahren erkannt und Bewerbungsmöglichkeiten angeboten, die dem Bewerber entgegenkommen. Start up-Unternehmen entwickelten und entwickeln ständig neue Onlineplattformen oder Apps für mobile Endgeräte, die das noch einfacher machen. Bis die Bewerber einer Branche auf solche neuen Plattformen anspringen, vergeht oft einige Zeit. Mit einer Übergangsphase ist zu rechnen.

Nun wäre es aber nicht sinnvoll, sich zurückzulehnen und abzuwarten, bis passende Kandidaten in großen Mengen in einem bestimmten Netzwerk unterwegs sind, bevor Sie sich dort auf die Suche machen – frei nach dem Motto: „Facebook haben wir uns lieber auch erstmal zehn Jahre angeschaut..." Im Gegenteil, wer so vorgeht, ist meist zu spät dran. Wenn ein Kanal erst zum Standard gehört, sind dort viele Arbeitgeber unterwegs und der Bewerberpool ist schnell „überfischt".

2

Stattdessen verläuft die Entwicklung meist parallel: Während einerseits immer mehr Unternehmen aus einer Branche einen bestimmten Kanal in ihre Personalbeschaffungsstrategie integrieren, spricht es sich andererseits unter Bewerbern herum, dass es sinnvoll ist, sich dort ein Profil anzulegen. Auf diese Weise kommen sich die beiden Gruppen entgegen und treffen irgendwann aufeinander.

Fazit: Je früher Sie als Sozial- oder Pflegeeinrichtung dabei sind, desto größer ist die Chance, dass Sie den ersten Schwung an neugierigen Fachkräften abgreifen können, die sich den neuen Kanal anschauen.

Natürlich besteht immer auch das Risiko, dass sich ein Kanal nicht etabliert. Dann heißt es: evaluieren und Konsequenzen ziehen. Was nach einer angemessenen, engagierten Probezeit nichts bringt, wird eben wieder abgeschaltet. Umsonst war die Erfahrung dennoch nicht, denn je häufiger sich ein Personaler mit neuen Tools auseinandersetzt, desto leichter fällt es ihm, sich in die nächste Neuentwicklung hineinzudenken und Trends zu bewerten.

Bewerber aus der Passivität locken

Letztlich haben Sozial- und Pflegeeinrichtungen genau wie alle anderen Branchen zwei Möglichkeiten, um der allgemeinen Bewerbungsmüdigkeit entgegenzuwirken:

- Entweder sie bieten den Interessenten extrem niedrigschwellige Möglichkeiten der Kontaktaufnahme und Bewerbung an, um sie aus der Passivität zu locken.

- Oder sie gehen, anstatt auf Bewerbungen zu warten, per Direktansprache aktiv auf Kandidaten zu.

Mit der zweiten Möglichkeit werden wir uns später im Kapitel 7 auseinandersetzen, um die erste soll es nun im Anschluss gehen.

2

Niedrigschwellige Möglichkeiten der Kontaktaufnahme und Bewerbung – was ist damit gemeint? Nun, nicht etwa, Bewerbungen per E-Mail anzunehmen. Das bedeutet gerade für viele kleinere Sozial- und Pflegeeinrichtungen zwar schon einen großen Fortschritt – nicht selten sind Papierbewerbungen dort immer noch am liebsten gesehen. Es gehört aber eher zum Mindeststandard, den Sie anbieten sollten, obwohl Sie damit keinen Preis für innovatives Recruiting gewinnen werden.

Denn: Gerade junge Leute haben heutzutage oft gar keine E-Mail-Adresse mehr, wie ich aus zahlreichen Einsätzen im Berufskundeunterricht weiß. Sie kommunizieren ausschließlich über die sozialen Netzwerke und Messaging Dienste.

Niedrigschwellige Möglichkeiten der Kontaktaufnahme bedeuten für den Bewerber von heute etwas anderes, wie wir gleich sehen werden.

Bewerberbindung durch Zwischenschritte

Der Ablauf vom Erstkontakt über Bewerbung, Vorstellungsgespräch und Einstellung funktioniert heute oftmals nicht mehr so reibungslos wie früher. Dafür, dass aus einem guten Bewerber ein neuer Mitarbeiter wird, gibt es keine Garantie – im Gegenteil.

Gerade zwischen den ersten beiden Schritten – der Kontaktaufnahme und der Bewerbung – liegt ein langer Weg, auf dem der Interessent in mühevoller Kleinarbeit zum Bewerber gemacht werden muss, weil er sonst möglicherweise das Interesse verliert, mit anderen potentiellen Arbeitgebern in Kontakt tritt oder weil sich herausstellt, dass die Kontaktaufnahme ohnehin noch keine echte Interessensbekundung, sondern lediglich eine erste vorsichtige Annäherung war. Aber auch zwischen Zusage bzw. Vertragsunterzeichnung und Dienstbeginn gilt es, den Bewerber bei der Stange zu halten, damit er am ersten Arbeitstag auch wirklich erscheint.

Für Arbeitgeber ist es darum sinnvoll, Zwischenschritte zwischen diesen Meilensteinen einzubauen. Die Witt-Gruppe, ein Textilversandhandel aus Weiden, berichtet in der Studie „Recruiting Trends 2016" von einer umfangreichen Bewerber-, Mitarbeiter- und Ex-Mitarbeiterbefragung, mit deren Ergebnissen detailliert aufgezeigt werden konnte, welcher Weg einen typischen Bewerber ins Unternehmen führt: „Im Durchschnitt brauchen wir mindestens drei Touchpoints [Kontaktpunkte], um den Kandidaten für unser Unternehmen gewinnen zu können", berichtet Susan Risse, zuständig für Personalmarketing und Recruiting bei der Witt-Gruppe. Sowohl persönliche als auch virtuelle Kontakte seien als Zwischenschritte zur erfolgreichen Rekrutierung notwendig, einer davon optimalerweise ein Praktikum.

2

Bewerber wünschen sich „Lebensberatung"

Einerseits geht es darum, den potentiellen Mitarbeiter spüren zu lassen, dass man sich für ihn Mühe gibt, andererseits darum, Zweifel, die er möglicherweise noch hat, zu zerstreuen. Niemand wechselt den Arbeitgeber ohne ein paar schlaflose Nächte.

Zwischenschritte zwischen Erstkontakt und Bewerbung können dem Interessenten helfen, sich mit den aufkommenden Fragen auseinanderzusetzen. Bieten Sie zum Beispiel Selbsttests auf Ihrer Website an, in denen Interessenten durch das Beantworten von Fragen prüfen können, ob eine Karriere im entsprechenden Beruf oder in Ihrem Unternehmen wirklich eine passende Option für sie wäre. Zu den meistgeklickten Inhalten auf dem Karriereportal der Diakonie gehören die Selbsttests für Nachwuchskräfte – „Bin ich der Typ für die Arbeit mit Menschen?" – und für Quereinsteiger – „Bin ich der Typ für den Quereinstieg in die sozialen Berufe?".

Bewerber wünschen sich heutzutage von potentiellen Arbeitgebern nicht nur Informationen über das Unternehmen, sondern etwas, was Personaler mir gegenüber schon als „Lebensberatung" bezeichnet haben. Viele von ihnen berichten in meinen Seminaren recht verzweifelt von Kandidaten, die nicht mehr wie früher ins Vorstellungsgespräch kämen, um zu sagen: „Ich bin der Beste für Ihren Job", sondern mit Fragen wie: „Soll ich wirklich auf Altenpfleger umsatteln oder doch lieber Bürokauffrau bleiben?" oder „Was meinen Sie: Soll ich bei Ihnen anfangen zu arbeiten oder doch lieber bei der Konkurrenz?" Es klingt kurios, ist aber häufig Realität. Dem Arbeitgeber bleibt nichts anderes übrig als diese Fragen im Rahmen von Zwischenschritten innerhalb des Bewerbungsprozesses zu klären.

2

Wichtig: Damit das gelingt, muss man sich klarwerden: Was ist es denn genau, was die Interessenten bisher davon abhält, sich zu bewerben?

Beispiel aus der Praxis:

Ein Einrichtungsleiter aus der Behindertenhilfe berichtete mir, dass sich für die Arbeit in einer bestimmten Wohngruppe in seiner Einrichtung stets viele Heilerziehungspfleger bewarben, obwohl die Teamatmosphäre dort eher schlecht war und er sich nicht vorstellen konnte, dass die Mitarbeiter Positives darüber nach draußen trugen. Eine andere Wohngruppe dagegen, in der es viel harmonischer unter den Kollegen zuging, bekam kaum Bewerbungen. Nachdem er sich unter den Bewerbern umgehört hatte, sei ihm ein Licht aufgegangen: Im Ort kursierten die wildesten Gerüchte über schlimme Zustände in der Wohngruppe mit den wenigen Bewerbern, die absolut nichts mit der Wirklichkeit zu tun hatten. Wie es dazu gekommen war, wer diese falschen Informationen verbreitet hatte, konnte der Einrichtungsleiter nicht mehr herausfinden, jedoch gelang es ihm gegenzusteuern.

Mit einem fest installierten Zwischenschritt zwischen Kontaktaufnahme und Bewerbung, einer einfachen Einrichtungsbegehung, die er den Interessenten anbot, konnten die Vorurteile abgebaut und die Bewerberzahlen gesteigert werden.

Best Practice: Die Aktion „Mach den Bewerbungs-Check"

Im Karriereportal der Diakonie und den zugehörigen Social Media-Kanälen starteten wir Anfang 2016 die Aktion „Mach den Bewerbungs-Check". Interessenten konnten ihre Bewerbungsunterlagen in einem Zwischenschritt von uns prüfen lassen, bevor sie sie tatsächlich bei einer unserer diakonischen Einrichtungen einreichten. Mit unseren Verbesserungsvorschlägen erleichterten wir unseren Personalern die Arbeit, denn wir achteten darauf, dass die Bewerbungen vervollständigt wurden und dass die Anschreiben die Informationen enthielten, die für eine Entscheidung benötigt wurden. Vor allem aber kamen wir bereits vor der Absendung der Bewerbung mit den Kandidaten in Kontakt und konnten per Chat und E-Mail eine persönliche Bindung aufbauen. Zögerliche Kandidaten konnten wir ermutigen, ihre Bewerbung tatsächlich abzuschicken.

Abbildung 2: Facebook-Grafik zur Aktion „Bewerbungs-Check" der Diakonie Deutschland, © Diakonie Deutschland

Bindung erzielen durch einen professionellen Onboarding-Prozess

Häufig wird mir von Kandidaten berichtet, die eigentlich schon für die neue Stelle unterschrieben haben, aber kurz vor dem Arbeitsantritt doch wieder absagen. Manche völlig ohne Begründung (vielleicht haben sie anderswo eine Stelle mit besserer Vergütung oder besseren Arbeitsbedingungen gefunden?), manche zum Beispiel, weil der Umzug in die neue Stadt mit Kind und Kegel nicht funktioniert hat.

Dem kann eine so genannte Onboarding-App wie umantis.com, intraworlds.de und viele andere beziehungsweise ein professioneller Onboarding-Prozess gegenwirken. Darunter versteht man die enge Begleitung des neuen Mitarbeiters vom Tag der Vertragsunterschrift bis zum Ende der Einarbeitungs-/Probezeit, gerne mit digitalen Hilfsmitteln. Ein wöchentlicher Newsletter oder eine App kann dem neuen Mitarbeiter häufige Fragen beantworten, Tipps zum Standort geben, vorab Zugang zum Intranet verschaffen oder ihn zum Mitarbeiterflohmarkt/-stammtisch einladen. Sie kann Checklisten bieten, auf denen der neue Mitarbeiter abhaken kann, welche Dinge vor Dienstbeginn noch zu erledigen sind (bestimmte Unterlagen bei der Personalabteilung einreichen, Dienstkleidung besorgen o. ä.) oder die Kollegen mit Fotogalerie und Steckbriefen vorstellen. All das mit dem Ziel, dass durch solche Zwischenschritte bereits vor dem eigentlichen Arbeitsbeginn eine Bindung entsteht, die hält.

Kontaktaufnahme per Kennenlern-Event

Viele Unternehmen veranstalten bereits erfolgreich Kennenlern-Events, um Interessenten eine unverbindliche erste Kontaktaufnahme oder einen unverbindlichen Zwischenschritt vor der Bewerbung zu ermöglichen. Im Sozial- und Gesundheitswesen ist es vor allem üblich, zu Infotagen einzuladen. Dort werden die Teilnehmer mit zwei, drei Vorträgen über die Aus- und Weiterbildungsmöglichkeiten in der Einrichtung beglückt und ein, zwei Azubis oder Mitarbeiter vorgestellt, die für Fragen zur Verfügung stehen.

Ein solcher Infoabend ist als Kennenlern-Event allerdings nicht mehr das Mittel der Wahl! Heutzutage müssen solche Veranstaltungen wirklich Spaß machen, sich von dem abheben, was andere Arbeitgeber bieten, und hochwertig wirken. Vorbild sind nicht umsonst die Luxus-Workshop-Reisen vom Städtetrip bis zum Segeltörn im Mittelmeer, mit denen namhafte Unternehmensberatungen ihren hochkarätigen Nachwuchs zu beeindrucken versuchen und für die der Begriff „Recruiting-Tourismus" erfunden wurde. Luxusreisen für potentielle Mitarbeiter können sich kleine und mittelständische Arbeitgeber natürlich nicht leisten. Doch was an Geld fehlt, wird mit Phantasie wettgemacht:

Beispiele:

Unternehmen laden zum Bewerber-Jogging oder zum Mittagsbuffet mit der Geschäftsführung ein. Vom Kicker-Turnier über die After-Work-Party bis zum Speed Dating ist alles möglich. Dabei sitzen sich Bewerber und Personaler im Sieben-Minuten-Takt zu Kurzgesprächen gegenüber, um zu prüfen, ob eine erste Sympathie vorhanden ist. Nur wenn danach beide Seiten ein positives Signal geben, wird der Bewerbungsprozess fortgesetzt.

Das Ziel solcher Events: gemeinsam Spaß haben (denn wenn das Kennenlernen Spaß macht, geht der Bewerber davon aus, dass auch das Arbeiten Spaß machen wird), in lockerer Atmosphäre Vertrauen aufbauen und das einschüchternde Vorstellungsgespräch noch etwas hinausschieben.

Dazu gibt es auch bereits die passenden Apps. Anbieter wie careerdate.net bieten die Möglichkeit, online zu solchen Veranstaltungen einzuladen. Weitere Anbieter und Beispiele finden Sie per Google-Suche nach „Karriere Events" oder „Recruiting Events". Natürlich können Sie auch über eine Pressemeldung oder einen Hinweis auf Ihrer Webseite Bewerber einladen. Carrerdate.net und Co. ermöglichen es Ihnen jedoch, Bewerber zu erreichen, die Sie über Ihre klassischen Kanäle bisher nicht erreicht haben. Auch bieten die Plattformen dem Interessenten die Möglichkeit, Ihre Ankündigung für einen Kennenlern-Event ganz einfach in den sozialen Netzwerken mit ihren Freunden zu teilen. Vielleicht kommt ja eine befreundete Pflegefachkraft gleich mit?

Bewerbung ohne Anschreiben

Während vielerorts Bewerbungen mit fehlerhaftem oder fehlendem Anschreiben sofort aussortiert werden, ohne dem Bewerber auch nur die Chance zu geben, dieses nachzureichen, versteht die Diakonie Gütersloh unter niedrigschwelligen Möglichkeiten der Kontaktaufnahme und Bewerbung, von vorneherein auf das Anschreiben zu verzichten: Bewerber müssen ihre Motivation nicht mehr schriftlich niederlegen, sondern können ganz zwanglos ihren Lebenslauf und die Zeugnisse vorbeibringen. Alles Weitere wird im Gespräch geklärt, der Personaler übernimmt die Initiative. „Bewerben ohne Bewerbung" nennt der Träger das auf seiner Webseite (http://bit.ly/2fVO96Y) und lässt Vorstand Björn Neßler vorbildlich transparent erläutern, wie es zu dieser Idee kam:

2

> „Vor allem die Fachkompetenz und die Persönlichkeit sind die Eigenschaften, die eine gute Pflegekraft auszeichnen. Da ist es zunächst egal, ob sie sich schriftlich gut und fehlerfrei ausdrücken kann. In der Vergangenheit haben wir die Erfahrung gemacht, dass sich Menschen als Top-Pflegekräfte entpuppt haben, die beinahe nicht zum Bewerbungsgespräch eingeladen worden wären."

Wenn ich diese Idee in meinen Seminaren vorstelle, ernte ich häufig entsetzte Reaktionen. Auf das Anschreiben verzichten? Das geht doch nicht! Aus dem reinen Lebenslauf mit Zeugnissen lässt sich doch nicht ersehen, ob ein Kandidat geeignet ist!

Aber: Abgesehen davon, dass die Diakonie Gütersloh sich ja gar nicht allein auf den Lebenslauf verlässt, sondern im persönlichen Gespräch die Hintergründe der Bewerbung herauskitzelt, bestätigen mir viele Personaler, dass Anschreiben ohnehin beinahe wertlos geworden sind. Sie werden einfach aus dem Bewerbungsratgeber herauskopiert und klingen alle gleich – nicht weil die Bewerber so furchtbar faul und unkreativ geworden wären, sondern weil sie Sorgen haben, etwas falsch zu machen. Die Studie „Recruiting Trends 2016" bestätigt, dass zwar viele Unternehmen (80 Prozent der Befragten) das Anschreiben momentan wichtig finden, aber nur 60 Prozent der Befragten glauben, dass es in Zukunft noch wichtig sein wird. Dieselbe Tendenz zeigt sich bei den Bewerbern: Während heute noch 90 Prozent von ihnen das Anschreiben für wichtig halten, glauben 40 Prozent, dass die Bedeutung des Anschreibens in Zukunft abnehmen wird.

Die Befürchtung, dass die Auswahl von Bewerbern über die reinen Fakten im Lebenslauf unmöglich sei, lässt sich häufig als eine Frage der Gewohnheit relativieren. Genauso wie ein geübter Personaler ein Gespür dafür entwickelt, gute Kandidaten anhand der ziemlich ähnlich klingenden Formulierungen in den Anschreiben zu erkennen, kann ein Personaler, der lange Jahre mit standardisierten Onlinebewerbungsformularen oder gar anonymen Bewerbungen ohne Foto und Geschlechtsangabe zu tun hat, sehr viel herauslesen. Personaler bestätigen mir sogar, dass es viel einfacher sei, Onlinebewerbungsformulare nebeneinander zu legen und zu vergleichen, als die wichtigen Punkte aus seitenlangen Anschreiben herauszusieben.

2

Den Bewerbungsimpuls per „One Click"-Bewerbung sofort umsetzen

Ein Grund, aus dem das Anschreiben auf ganz natürlichem Wege an Bedeutung verlieren wird, ist die Tatsache, dass im Zuge des Recruitings über Apps, Karrierenetzwerke oder Lebenslaufdatenbanken sowieso häufig nur noch das Bewerberprofil die Grundlage für die Kandidatenauswahl bildet. Individuelle, auf den konkreten Arbeitgeber zugeschnittene Bewerbungen fallen in diesen Kanälen weg. „One Click"-Bewerbung bedeutet nun, dass der Kandidat direkt unterhalb der Stellenanzeige auf einen Schaltknopf klicken kann und damit veranlasst, dass sein Lebenslauf, der online hinterlegt ist, an potentielle Arbeitgeber weitergeleitet wird. Oder der Klick auf den Schaltknopf führt dazu, dass die Daten aus seinem online hinterlegten Lebenslauf automatisch in das Onlinebewerbungsformular des Arbeitgebers eingelesen werden. Nur geringfügige Korrekturen müssen dann noch händisch erledigt werden.

Laut der Studie „Recruiting Trends 2016" sehen knapp 20 Prozent der Unternehmen und über 30 Prozent der Bewerber die „One Click"-Bewerbung als wichtigen Bewerbungskanal an. Auch wenn ein solches Angebot anfangs meist zögerlich genutzt wird, führt schon allein die Tatsache, dass Sie es anbieten, dazu, dass Sie als moderner Arbeitgeber wahrgenommen werden. Über kurz oder lang etabliert sich das Verfahren.

Der Vorteil ist auch hier wieder die Niedrigschwelligkeit: Der Bewerbungsimpuls kann vonseiten des Bewerbers sofort umgesetzt werden, ohne erst umständlich die Bewerbungsunterlagen herauszusuchen.

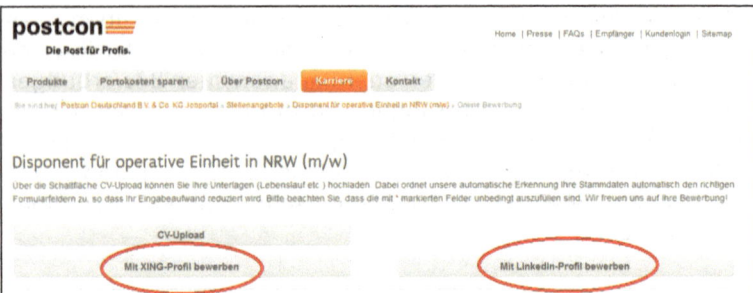

Abbildung 3: „One Click"-Bewerbungsmöglichkeit auf der Karriereseite des Briefdienstleisters Postcon, © Postcon

Nun schließt sich die Frage an, ob „One Click"-Bewerbungen im Sozial- und Pflegebereich überhaupt realistisch sind. Besitzen Fachkräfte aus Pflege, Pädagogik und verwandten Berufen denn überhaupt ein XING-Profil, das sie per Klick an den Arbeitgeber weiterleiten könnten? Da hat sich in den vergangenen Jahren einiges getan. Noch 2014 gab Wirtschaftswissenschaftlerin Dr. Mona Mylius in meinem Buch „Personalgewinnung in der Pflege" (Elsevier, 2014) zu Protokoll, dass XING eher ein Werkzeug für die Suche nach Hochschulabsolventen sei: „Nahezu alle meine Studierenden, die nach dem Studium einen Arbeitsplatz suchen, haben ein Profil bei XING. Examinierte Pflegekräfte finden Sie dort weniger, auch den Nachwuchs für Ihre Ausbildungsstätten erreichen Sie besser über Facebook, aber Bewerber mit Pflege-Bachelorabschluss sind auf jeden Fall bei XING, auch z.B. Ärzte, Sozialpädagogen oder Psychologen." Inzwischen ist das anders – mehr dazu später in Kapitel 7 über die aktive Kandidatensuche und Direktansprache.

Bewerbung von unterwegs per Smartphone oder Tablet

Die „One Click"-Bewerbung läutet einen Trend ein, der die Recruiting-Landschaft in den nächsten Jahren drastisch verändern wird: die Bewerbung über mobile Endgeräte. Bereits jetzt suchen immer mehr Menschen vom Smartphone oder Tablet aus unterwegs

nach Informationen über Arbeitgeber. Im Karriereportal der Diakonie verzeichneten wir im Jahr 2014 25 Prozent der Zugriffe über
mobile Endgeräte, 2015 waren es bereits 40 Prozent, 2016 knapp
über 50 Prozent. Daran sehen wir, wie rasant diese Entwicklung
voranschreitet. Laut der Studie „Recruiting Trends 2016" gehen
inzwischen 10 Prozent der Bewerbungen über Smartphones ein,
17 Prozent über Tablets. 43 Prozent der Kandidaten gehen davon
aus, dass sich die mobile Bewerbung etablieren wird. 75 Prozent
beklagen sich, dass sie (noch) viel zu umständlich sei. Vor allem aus
diesem Grund werden nicht heute schon noch viel mehr Bewerbungen übers Handy verschickt – nicht etwa, weil die Bewerber
keine Lust darauf hätten.

2

Auch wenn digitale Trends im Sozial- und Gesundheitswesen immer ein wenig verspätet ankommen, ist es nur noch eine Frage der
Zeit, bis unsere Kandidaten es ganz selbstverständlich erwarten
werden, dass der Versand einer Bewerbung über das Handy unkompliziert funktioniert. Da niemand seinen Lebenslauf und seine Zeugnisse dort speichert oder Motivationsschreiben mit zwei
Fingern auf dem Tablet tippt, sind wir dann schnell wieder bei
den oben beschriebenen „One Click"-Bewerbungen, für die die
Bewerbungsunterlagen in Lebenslaufdatenbanken hinterlegt und
von dort aus per Knopfdruck verschickt werden. Außerdem sind
wir bei Karrierewebseiten, die „responsive" programmiert sind,
das heißt, dass sie auf dem mobilen Endgerät genauso schön aussehen und leicht bedienbar sind wie auf dem Schreibtisch-PC oder
am Laptop mit dem großen Bildschirm. Wir sind bei Karriere-Apps,
die Stellenanzeigen in ganz neuen Miniformaten anzeigen (siehe
nächstes Kapitel), und vielen neuen Entwicklungen mehr. Für Einrichtungen und Unternehmen im Bereich Pflege und Soziales ist
es höchste Zeit, sich auf diesen Trend vorzubereiten.

Stellen wir uns vor, jemand stöbert unterwegs in der U-Bahn auf
Ihrer Karrierewebseite und denkt sich „Interessanter Arbeitgeber!
Da könnte ich mich mal bewerben!" Da er aber seine Bewerbungsunterlagen nicht auf dem Smartphone oder Tablet gespeichert
hat, verlässt er Ihre Karrierewebsite zunächst, und nimmt sich vor,
später zu Hause vom Laptop oder PC aus noch einmal Ihre Seite
anzusteuern und seine Bewerbung abzuschicken. Doch wie viel
kann zwischendurch passieren, das ihn ablenkt! Möglicherweise

kommt es niemals dazu, dass er diesen Vorsatz wirklich in die Tat umsetzt.

Übergangslösungen:

- Im Karriereportal der Diakonie bieten wir darum als Übergangslösung auch die Möglichkeit, unser mobiloptimiertes Onlinebewerbungsformular am Smartphone auszufüllen und sich den Zwischenstand per E-Mail nach Hause zu schicken. Dort wird dann am PC nur noch der Lebenslauf angehängt und die Bewerbung abgeschickt. Die E-Mail dient bei diesem kleinen, durchaus praktikablen Umweg gleichzeitig als Erinnerungsfunktion.

- Die Minimallösung zur Befriedigung der Bedürfnisse von Bewerbern, die über mobile Endgeräte auf Ihre Webseiten oder Stellenanzeigen gelangen, wäre ein einfaches Eingabefeld: „Tragen Sie hier Ihre E-Mail-Adresse, Telefon- oder WhatsApp-Nummer ein, wenn Sie sich für eine Mitarbeit bei uns interessieren, und wir nehmen so schnell wie möglich Kontakt mit Ihnen auf!" Das wirkt schnell, offen und sympathisch, vor allem aber auch – im Sinne eines Zwischenschrittes – locker genug, um dem Bewerber zu signalisieren, dass er hier nicht gleich Nägel mit Köpfen machen muss, sondern erst einmal zwanglos anfragen und sich dann später für oder gegen eine Bewerbung entscheiden kann.

- Die dritte Alternative: Alle neuen Apps und Anwendungen rund ums Recruiting, die heute auf den Markt kommen, denken den mobilen Aspekt von Haus aus gleich mit. Das bedeutet für Sie als Unternehmen, dass Sie gleich zwei Fliegen mit einer Klappe schlagen, wenn Sie solche zeitgemäßen Tools ausprobieren: Sie eröffnen neue Kanäle, um in Kontakt mit potentiellen Bewerbern zu kommen. Sie bieten gleichzeitig mobile Bewerbungsmöglichkeiten, ohne die eigene Einrichtungswebseite aufwändig umprogrammieren lassen, eigene Onlinebewerbungsformulare oder Apps anbieten zu müssen.

Schnell konsumierbare Stellenanzeigen

Ein Beispiel für eine App, auf die das zutrifft und die gleichzeitig einen weiteren Trend der niedrigschwelligen Bewerbungsmöglichkeiten repräsentiert, ist truffls.de oder ihr Schweizer Ableger talentfly.ch.

Bei truffls werden dem Bewerber auf seinem Smartphone Mini-Stellenanzeigen gezeigt, die zu seinen Suchkriterien passen. Dabei sieht er auf den ersten Blick nicht mehr als das Arbeitgeberlogo, den Jobtitel und eine Handvoll Schlagworte, die zentral für die Ausübung des Jobs sind.

2

So wird aktuell ein/e Heimleiter/in für eine soziale Einrichtung eines Wohlfahrtsverbandes in Karlsruhe mit den Schlagworten „Pflege, Therapie, Assistenz, Führung, Festanstellung, Personalverantwortung, Vollzeit, Gesundheit & soziale Dienste" gesucht. Eine Anzeige für examiniertes Pflegepersonal für Anästhesie und Intensivmedizin in Berlin ist mit den Schlagworten „Pflege, Therapie, Assistenz, Festanstellung, Berufserfahrung, Teilzeit, Personaldienstleister" markiert.

2

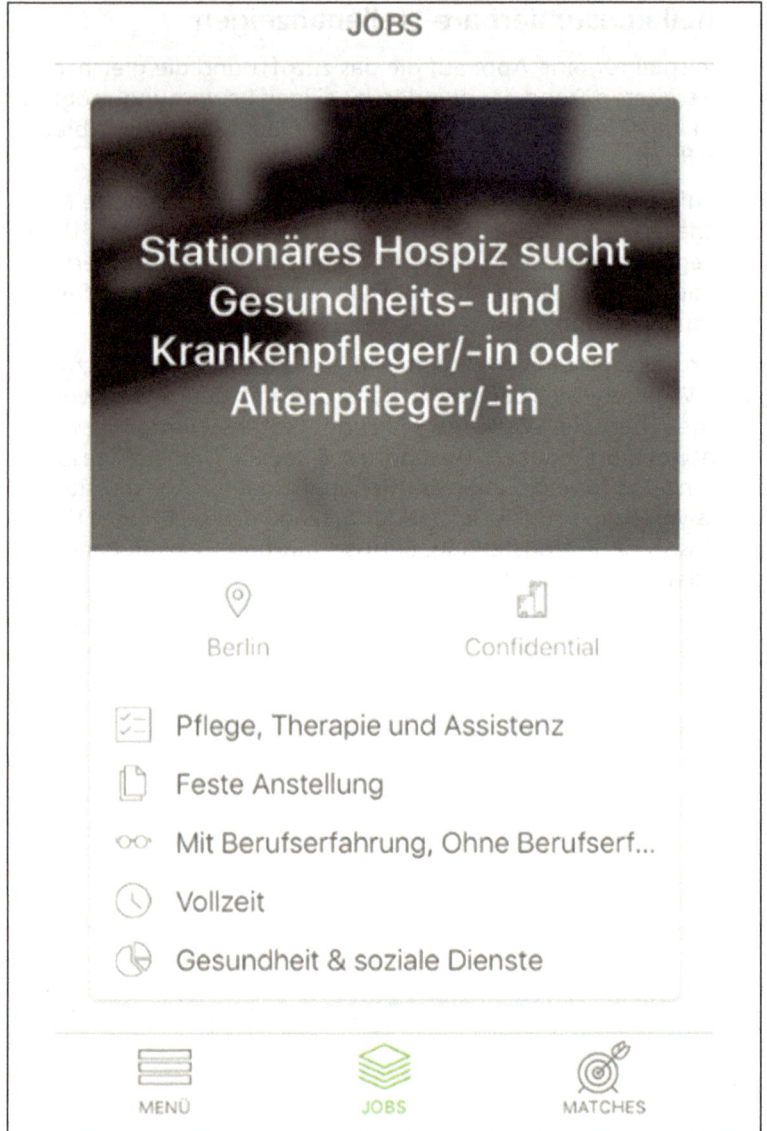

Abbildung 4: Screenshot einer Stellenanzeige in der App Truffls

Aufgrund eines kurzen Blicks auf diese minimalen Informationen zur ausgeschriebenen Stelle entscheidet der Bewerber, ob er Interesse hat oder nicht.

- Erscheint ihm die Anzeige uninteressant, „wischt" er sie auf dem Smartphone-Bildschirm nach links und bekommt die nächste Anzeige vorgeschlagen. Zu der gelöschten Anzeige zurückzukehren, ist später nicht mehr möglich. Innerhalb weniger Sekunden haben Sie als Arbeitgeber gepunktet oder verspielt.

2

- Erscheint dem Bewerber Ihre Anzeige interessant, wischt er nach rechts und löst damit automatisch aus, dass seine Bewerbungsunterlagen, die er vorher hinterlegt hat, an den Arbeitgeber versandt werden.

Mehr als nach links oder rechts zu wischen, muss er für seinen neuen Job nicht tun!

Solche Anwendungen sind es, die die Gewohnheiten unserer Bewerber nachhaltig beeinflussen werden. Wer wird in ein paar Jahren noch Lust haben, eine DIN A4-seitige Stellenanzeige zu lesen, wenn er per truffls & Co. am Handy Dutzende Stellenanzeigen pro Minute sichten und vergleichen kann, ohne umständlich hin und her klicken oder seinen Laptop hochfahren zu müssen?

Neue, kürzere Formate von Stellenanzeigen fallen unter die niedrigschwelligen Bewerbungsmöglichkeiten, mit denen es gelingen kann, der allgemeinen Bewerbungsmüdigkeit entgegenzuwirken. In Zeiten digitaler Informationsflut, in der gleichzeitig die Spiegel-Eilmeldung, die WhatsApp-Nachricht der besten Freundin und das Kontaktgesuch eines Arbeitgebers über XING auf dem Display aufblinken, hat niemand mehr Zeit für ausführliche Prosa.

2

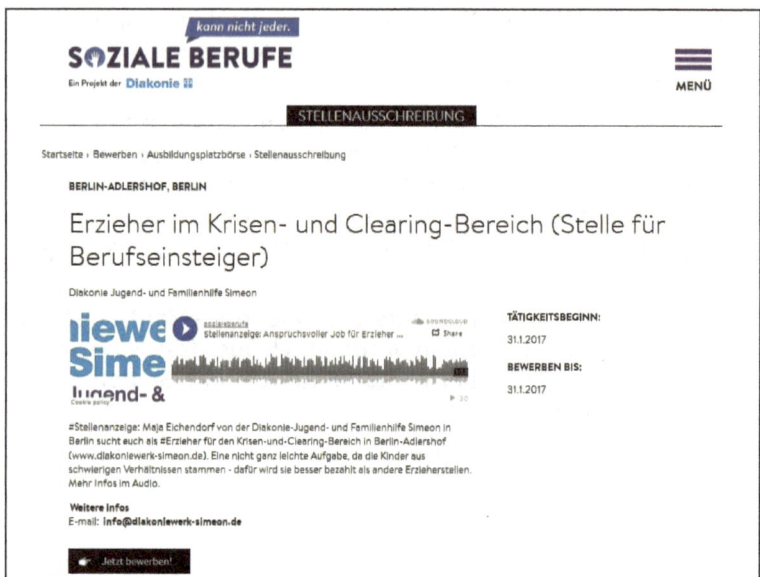

Abbildung 5: Kurzes Stellenanzeigenformat aus dem Nachwuchsportal der Diakonie Deutschland, © Diakonie Deutschland

Beispiel: Kurze Stellenanzeige

Im Nachwuchsportal der Diakonie haben wir mit Stellenanzeigen experimentiert, die aus nicht mehr als 450 Freitextzeichen bestanden. Dazu ein Video (zum Beispiel ein Imagefilm des Arbeitgebers) oder ein Audio (zum Beispiel ein Interview mit dem Personalleiter), eine knackige Überschrift und das zugeschaltete Onlinebewerbungsformular – fertig war die schnell konsumierbare Stellenanzeige.

Im oben abgebildeten Beispiel sehen wir, wie es gelingen kann, in wenigen Zeilen die wesentlichen Bestandteile einer offenen Stelle herauszuarbeiten: Was ein Erzieher grundsätzlich macht, weiß jede ausgebildete Fachkraft. Es ist nicht notwendig, ihr dies in der Stellenanzeige zu erläutern. Auch Informationen zum Arbeitgeber sind zwar bei der Entscheidungsfindung relevant, jedoch kann der Bewerber diese auch googeln oder auf Ihrer Einrichtungswebseite nachlesen. Was er im Rahmen dieser ganz konkreten Stellenanzeige jedoch unbedingt erfahren muss, sind zwei Dinge:

- Erstens handelt es sich um eine besonders schwierige Klientel, mit der er arbeiten wird, nämlich Jugendliche, die gerade aufgrund von Kindeswohl gefährdenden Umständen aus ihren Familien geholt wurden und entsprechend traumatisiert sind. Der Bewerber sollte also Nerven wie Drahtseile haben und sich als Erzieher nicht gerade auf die musikalische Früherziehung von Einjährigen spezialisiert haben. Das ist wichtig zu wissen, damit der Bewerber nicht mit falschen Vorstellungen seine Arbeit aufnimmt und nach wenigen Wochen das Handtuch schmeißt, weil er überfordert ist.

- Zweitens wird der angebotene Job aufgrund der besonderen Herausforderungen aber auch besser bezahlt als andere Erzieherstellen. Für die zusätzlichen Mühen gibt es also eine angemessene Entlohnung. Mehr muss der Bewerber zunächst nicht wissen, um für sich zu entscheiden, ob diese Herausforderung etwas für ihn wäre.

Der Siegeszug des Mobile Messengers

Einer der wichtigsten digitalen Trends in der Personalgewinnung seit Anfang 2015 ist der Siegeszug der Mobile Messengers, die den klassischen sozialen Netzwerken wie Facebook und auch der guten alten SMS den Rang ablaufen. Auch sie fallen in die Rubrik „niedrigschwellige Möglichkeiten der Kontaktaufnahme".

**Infobox: Mobile Messengers
(auch Mobile Instant Messaging-Dienste)**

Mobile Messengers sind Anwendungen für mobile Endgeräte, mit denen der Nutzer in Echtzeit Textnachrichten, Bilder, Audio- oder Videoaufnahmen an einen anderen Nutzer oder eine Gruppe von anderen Nutzern versenden („chatten") kann. Beispiele für Mobile Messengers sind WhatsApp, We-Chat, der Facebook Messenger, Snapchat oder der eigens

2

für den Arbeitgeber-Bewerber-Dialog entwickelte Dienst smoope.com. Um sich über Mobile Messengers mit Freunden zu verbinden, muss der Nutzer die Handynummer des Freundes in seinen Kontakten gespeichert haben. Die Suche über Namen nach „alten Bekannten", wie sie für Facebook typisch ist (war), ist dadurch nicht möglich. Beim Messaging geht es weniger darum, sich über eine Profilseite selbst zu inszenieren, sondern um die direkte Kommunikation zwischen zwei Nutzern oder einer engen Gruppe von Nutzern. Häufig werden so genannte Emojis oder Sticker (größere, bewegliche Emojis) wie Smileys oder Herzchen genutzt, um Aktivitäten oder Gefühlslagen zu beschreiben.

Und warum überholen die Messaging Dienste nun die sozialen Netzwerke? Warum ist nach Jahren des Hypes eine gewisse Facebook-Müdigkeit festzustellen? Darüber lässt sich nur spekulieren:

- Junge Nutzer wandern ab, weil Facebook inzwischen auch von den älteren Generationen (den Eltern und Großeltern) genutzt wird und sie sich dort beobachtet fühlen.

- Zu viel Werbung prasselt dort inzwischen auf die Nutzer ein.

- Nutzer möchten nicht mehr der ganzen Welt ihre persönlichen Neuigkeiten mitteilen, sondern ziehen sich wieder in die privateren Kreise zurück, auf denen die Messaging Dienste beruhen.

- Facebook gehört mittlerweile zum Standard, internetaffine (junge) Menschen sind jedoch stets auf der Suche nach dem neuesten Trend.

Das alles bedeutet nicht, dass Sie als Recruiter Facebook nun links liegen lassen können – es ist immer noch ein wichtiger Kanal vor allem für das Employer Branding beziehungsweise Personalmarketing, und einer der ersten, die von einem gut aufgestellten Arbeitgeber bespielt werden sollten. Dennoch kommt man als Unternehmen nicht umhin, sich auch mit den Messaging Diensten auseinanderzusetzen. Über eine Milliarde Menschen weltweit nutzten laut Angaben des Anbieters im Herbst 2016 bereits WhatsApp, der Dienst ist aus dem Alltag vieler Menschen nicht mehr wegzudenken. Trainer im Sportverein teilen darüber die neuen Trainingszeiten mit, Schüler besprechen ihre Hausaufgaben, Sozialarbeiter erinnern ihre Klienten an den nächsten Gesprächstermin. Über diesen Kanal erreichbar zu sein oder eine Alternative zu bieten, die dem Bewerber die Kontaktaufnahme in Echtzeit ermöglicht, kann für Arbeitgeber der Schlüssel zum Erfolg sein, um die Kandidaten aus ihrer Komfortzone abzuholen.

2

Abbildung 6: Berufsberatungs-Chat über WhatsApp, © Diakonie Deutschland

Mobile Messengers werden darum im Recruiting immer häufiger eingesetzt. Die ostdeutschen Hochschulen waren im Frühjahr 2014 die ersten, die eine auf wenige Tage begrenzte Studienberatungsaktion auf WhatsApp realisierten. Im Januar 2015 folgte die Diakonie Deutschland mit ihrem langfristig angelegten Angebot der Berufsberatung über WhatsApp, das bis heute läuft. Kurz danach ließ der Automobilkonzern Daimler eine Auszubildende einen Tag lang eine Gruppe von vorher angemeldeten WhatsApp-Nutzern an ihrem Ausbildungsalltag teilhaben. Spätestens seit Aktionen wie diese Preise einheimsen, ist die Methode in der Fläche angekommen. Von ProSiebenSat1 bis McDonald's haben sich die verschiedensten Unternehmen bereits in der Personalgewinnung per WhatsApp ausprobiert.

2 Fortgeschrittene Seminarteilnehmer berichten mir, dass sie ihre Schülerpraktikanten und angehenden Auszubildenden ganz bewusst vormittags im Zeitfenster der großen Hofpausen in der Schule per WhatsApp an ihr Vorstellungsgespräch erinnern oder sich für die Bewerbung bedanken, weil dann die Chance besonders groß ist, dass sie mit Freunden beisammen stehen, die es mitbekommen könnten. Und so verbreitet sich die Kunde davon, wer als Arbeitgeber ganz vorne mit dabei ist, rasend schnell.

Beispiel: Die WhatsApp-Berufsberatung der Diakonie

Völlig ohne Marketingkampagne sind wir Anfang 2015 mit der WhatsApp-Berufsberatung der Diakonie gestartet und haben lediglich in unserem Nachwuchsportal soziale-berufe. com, auf unserer Facebookseite und in unserem Azubi-Blog gelegentlich darauf hingewiesen.

Etwa 100 Nutzeranfragen erreichen uns pro Halbjahr über WhatsApp. Das sind zwei bis drei neue Chats pro Woche, wobei manche nach einmaligem Hin und Her erledigt sind, andere mich über Wochen begleiten. Häufig kommen die Anfragen am (späten) Abend, jedoch stört es die Nutzer nicht, wenn ich erst am nächsten Morgen aus dem Büro antworte.

Als Hauptzielgruppen für diesen Kanal haben wir durch statistische Auswertung im Nachhinein Männer, Quereinsteiger und Hauptschüler identifiziert. Diese Nutzergruppen sprechen uns überdurchschnittlich häufig über WhatsApp an.

Spamnachrichten erreichen uns so gut wie überhaupt nicht, nur gelegentlich passiert es, dass ein Schüler uns aus Versehen in seinen Klassen-Chat einbindet, aus dem ich mich sofort wieder abmelde. Einige Nutzer fragten, ob wir bei WhatsApp nicht Gruppenchats von Nutzern mit ähnlichen

Interessensgebieten (zum Beispiel bestimmte Berufe oder Themenfelder wie Quereinstieg) einrichten könnten.

Verhaltene bis irritierte Reaktionen erhielt ich, wenn ich die Nutzer einige Zeit nach dem Beratungs-Chat noch einmal von mir aus ansprach, um sie zum Beispiel auf einen neuen Berufefilm auf unserer Webseite aufmerksam zu machen. Teils hatten sie völlig vergessen, aus welchem Zusammenhang sie mich kannten, also dass wir vor wenigen Tagen oder Wochen zum Thema Berufsorientierung gechattet hatten. Teils fühlten sie sich in ihrer Privatsphäre überrumpelt. Nun beschränken wir uns also wieder darauf, per WhatsApp für Anfragen erreichbar zu sein.

Diese lassen erkennen, dass sich die Fragenden vorab oft nicht über unsere Berufe oder die Struktur unseres Verbandes informiert haben. In der Beratung müssen wir deshalb bei Adam und Eva anfangen. Durch niedrigschwellige Kanäle erziehen wir die Bewerber offenbar zur „Faulheit", doch mit diesem Nachteil müssen wir leben – Hauptsache, der Kontakt kommt überhaupt zustande.

Auch Unverbindlichkeit ist ein Thema: Wer per Messenger eine Frage zum Bewerbungsprozess stellt, fühlt sich zu nichts verpflichtet. Letztendlich hat er uns als Arbeitgeber noch nicht persönlich kennengelernt und ist vom Gefühl her weitgehend anonym geblieben (auch wenn die Datenschützer das anders sehen). Noch kann er jederzeit wieder abspringen oder sich einfach nie mehr melden, ohne dass es sich peinlich anfühlt. Meine Aufgabe ist darum, den Bewerber möglichst bald nach der Kontaktaufnahme über WhatsApp auf andere Kanäle umzulenken, über die er mehr von seiner Identität preisgibt und ein ausführlicherer Kontakt möglich ist – beziehungsweise, ihn zur Bewerbung an unsere diakonischen Einrichtungen zu vermitteln.

Nicht nur bei WhatsApp, auch in anderen Messaging Diensten finden erste Gehversuche statt. Die Techniker Krankenkasse lässt Lina, eine Auszubildende zur Kauffrau im Gesundheitswesen, über Snapchat von ihrem Ausbildungsalltag berichten und mit

Interessenten chatten. Die Besonderheit in diesem Kanal ist, dass sich die versendeten Inhalte wie Videos oder Fotos nach kurzer Zeit selbst zerstören. Recruiting-Experte Robrindro Ullah hat für den Technologiekonzern Voith eine Aktion über den chinesischen Messenger WeChat umgesetzt: 1.000 Studierende in China reichten binnen drei Monaten ihre Bewerbung ein, nachdem Voith so genannte Sticker (große, bewegliche Emojis) zum Herunterladen angeboten hatte, mit denen die Absolventen im Chat ihren Stolz über ihren erreichten Hochschulabschluss ausdrücken konnten.

Kurz und gut: Um die Messaging Dienste kommt man im (Personal-)Marketing nicht mehr herum. Meiner Meinung nach gehört eine WhatsApp-Kontaktnummer, unter der Bewerber Sie erreichen können, in die E-Mail-Signatur, auf die Visitenkarte und Ansprechpartnerinfo auf der Website eines jeden Recruiters (als Ersatz für die gute alte Faxnummer).

Datenschutzkonforme Anwendung?

Wem bei WhatsApp angesichts des Stichworts „Datenschutz" die Haare zu Berge stehen, obwohl der Dienst nach anfänglicher Kritik nachgerüstet wurde, der sei auf den deutschen Messenger smoope.com hingewiesen. Die Anwendung eines Start-ups aus Stuttgart wird dem Bundesdatenschutzgesetz gerecht und ist speziell für die (gewerbliche) Kommunikation zwischen Arbeitgeber und Bewerber konzipiert. Sie funktioniert für den Bewerber ganz genau wie WhatsApp am Handy, er muss dazu nur eine App herunterladen. Der Personaler bekommt jedoch einen Zugang vom Bürorechner aus und kann dort komfortabel am großen Bildschirm und der Tastatur Bewerberanfragen sortieren, auf Wiedervorlage legen, Antworten tippen oder mitgeschickte PDFs lesen. Mehrere Mitarbeiter können einen Zugang zum Kanal bekommen, was bei WhatsApp schwierig ist.

Wichtig zu wissen ist jedoch, dass Ersatz- oder Imitat-Kanäle wie smoope.com trotz ihrer Einfachheit vom Bewerber nicht so natürlich akzeptiert werden wie die digitalen Kanäle, die sich in der breiten Masse durchgesetzt haben.

Wenn es Ihnen vor allem darum geht, Ihren Bewerbern zu zeigen, dass Sie ein offenes Ohr haben und über alle modernen Kanäle erreichbar sind, sollten Sie auf die etablierten Kanäle wie Whats-App setzen – auch wenn es dort anstrengend ist, die teilweise eingehenden Audionachrichten zu bearbeiten, Bewerberkontakte zu archivieren, Links zu Informationsangeboten im Internet in die Nachricht zu kopieren oder lange Anfragen im 2-Daumen-Tipp-system zu beantworten.

Wenn Sie jedoch ein komfortables Werkzeug suchen, um Ihre Bewerberkommunikation zu digitalisieren und dem Bewerber das auch deutlich zu signalisieren, kann eine Anwendung wie smoope.com gute Dienste leisten. Sie sollten dann in jeder Stellenanzeige darauf hinweisen, dass Bewerbungen (Rückfragen zur Anzeige, Einsendung der Unterlagen, Vereinbarung von Vorstellungs-gesprächen) bei Ihnen ausschließlich über diesen neuen Kanal abgewickelt werden; der Dienst wird sich so schnell etablieren und die Bewerber werden sich über die bequeme Kommunikation per Smartphone freuen.

2

Wir haben smoope.com bei der Diakonie getestet und folgende Erfahrung gemacht: Wenn wir Bewerber, die uns über WhatsApp oder Facebook anchatten, darauf hinweisen, dass sie uns jetzt datengeschützt auf smoope.com erreichen können, scheint es ihnen zunächst egal zu sein. Datenschutz hin oder her – nun haben wir doch schon Kontakt, warum nochmal umziehen? Andererseits: Wenn wir den Bewerbern testweise sagen: „Wir sind aus Daten-schutzgründen ab sofort nur noch auf smoope.com für dich da", ist es weder für jüngere, noch für ältere Bewerber ein Problem, die App eben herunterzuladen. Im Zweifelsfall hilft immer das Angebot eines kleinen Antrittsgeschenks, wenn Sie Interessenten davon überzeugen möchten, sich auf einem neuen Kanal mit Ihnen zu verbinden.

„Uns wird [von unseren Bewerbern] zurückgespielt, dass es eine coole Sache ist, mit einem potentiellen Arbeitgeber auf diese Art und Weise [per Messenger] zu kommunizieren", resümiert smoope.com-Mitgründer Eleftherios Hatziioannou in meinem Blog personalgewinnung-in-der-pflege.de. Er spricht sich für einen gesunden Kanal-Mix aus: „Jeder Kontaktpunkt zählt. Je mehr Möglichkeiten ich meiner Zielgruppe biete, desto größer die Wahrscheinlichkeit, dass auch der richtige Kanal im richtigen Moment zur Verfügung steht."

Chat-Bewerbungen als Instrument der Vorauswahl

Ist die Berufsberatung oder Kontaktaufnahme per Messenger erst etabliert, ist der Weg zum „Vorstellungsgespräch" per Chat nicht mehr weit. Außer den klassischen Messengern, deren Hauptangebot der Chat ist, gibt es tatsächlich bereits Recruiting-Anwendungen, die eine Messaging-Technologie eher nebenbei in ihre Bewerbungsprozesse einbauen. Beispielhaft sei hier mobilejob. com genannt (einen Testbericht über die Erfahrungen, die wir in mehreren Sozial- und Pflegeeinrichtungen mit dem Tool gesammelt haben, finden Sie in einem Übersichtspapier im Karriereportal der Diakonie, http://bit.ly/2hx8P2V).

Stellenanzeigen, die ein Unternehmen bei mobilejob.com einstellt, sind auf dem Handy gut lesbar, gleichzeitig werden sie aber auch bei Facebook, Instagram und in anderen sozialen Netzwerken in Form von Werbeanzeigen gepostet.

Nutzer, die im Bereich Pflege oder Soziales arbeiten oder sich in ihren Profilen mit diesen Themen beschäftigen, bekommen diese Anzeigen zwischen den Meldungen ihrer Freunde eingeblendet.

Hat ein Nutzer Interesse und klickt auf die Anzeige, landet er in einem automatisierten Chat – einer Art digitalem „Minibewerbungsgespräch". Einige kurze Fragen, die das Unternehmen hinterlegt hat, beantwortet er zunächst am Handy. Mit diesen Fragen klopft das Unternehmen die wichtigsten Voraussetzungen ab, die ein Bewerber benötigt, um dort arbeiten zu können. Arbeitgeber im Bereich Pflege und Soziales könnten also beispielsweise fragen, ob der Bewerber einen pflegerischen oder pädagogischen Ausbildungsabschluss oder eine benötigte Fortbildung hat, ob er Berufserfahrung nachweisen kann und ob er in einem Arbeitsverhältnis angestellt ist. Natürlich ersetzt der Chat das Vorstellungsgespräch dabei nicht komplett – er wird eher als Instrument benutzt, um eine Vorauswahl zu treffen.

Wird die per Chat eingegangene Bewerbung dann an das Unternehmen weitergeleitet, liegt es nun an der Personalabteilung, innerhalb kürzester Zeit Kontakt mit dem Bewerber aufzunehmen. Eine E-Mail nach dem Motto „Rufen Sie uns an, um ein Vorstellungsgespräch zu vereinbaren" genügt nicht – erfahrungsgemäß melden sich die allerwenigsten Bewerber darauf zurück. Folgt der persönliche Kontakt (idealerweise per Telefon und parallel in digitalen Kanälen) nicht unmittelbar auf die Chat-Bewerbung, vergessen die Personen bei Tools wie mobilejob.com oft sehr schnell, dass oder wo sie sich überhaupt beworben haben.

2

Der Nachteil aller niedrigschwelligen Bewerbungsmöglichkeiten ist ihre Unverbindlichkeit: Bewerber verstehen sie eher als Interessenbekundung. Doch diese Kröte müssen wir als Arbeitgeber schlucken. Denn der durchaus wichtigste Schritt ist gemacht, der Erstkontakt zum Bewerber hergestellt – das gilt im Übrigen für viele digitale Kanäle. Es ist der Recruiter in seiner Funktion als Servicedienstleister, der sich nun persönlich und engagiert darum kümmern muss, um aus dem losen digitalen Kontakt eine echte Arbeitgeber-Bewerber-Bindung zu machen.

Eine einzige Bewerbung für verschiedene Jobs

Ein weiterer Weg, um es dem Bewerber einfacher zu machen, ist, es ihm zu ermöglichen, mit einer einzigen Bewerbung sein Interesse gleich an mehreren Stellen zu bekunden. Die Praxis in zahlreichen mir bekannten Einrichtungen sieht es leider noch vor, dass der Bewerber seine Unterlagen für verschiedene Stellen mehrmals einsenden muss. Hintergrund sind oft die Identifikationsnummern für Stellenanzeigen, die in den Bewerbungssystemen hinterlegt sind und die eine Zuordnung der Bewerbung nur dann ermöglichen, wenn sie sich darauf bezieht. Außerdem wird erwartet, dass der Kandidat seine Motivation für jede einzelne Stelle noch einmal ganz konkret formuliert. Das aber ist ein zusätzlicher Aufwand, den es im Sinne des „roten Teppichs", den wir für unsere Bewerber ausrollen wollen, um jeden Preis zu verhindern gilt.

Beispiel: Ausbildungsplatz-Bewerbung bei der Diakonie

Das Onlinebewerbungsformular im Karriereportal der Diakonie ermöglicht es Ausbildungsplatzsuchenden, aus einer Deutschlandkarte mehrere diakonische Einrichtungen auszuwählen, bei denen sie sich bewerben möchten. Nachdem sie die Häkchen gesetzt haben, füllen sie das Bewerbungsformular einmalig aus und es wird an alle markierten Einrichtungen versandt. Individuelle Motivationsbekundungen fallen damit weg, was aber für die Einrichtungen nach anfänglicher Skepsis kein Problem mehr darstellt.

Theoretisch kann der Kandidat sich mit einem einzigen Bewerbungsformular bei hunderten eingetragenen Einrichtungen bundesweit bewerben – praktisch wird diese Funktion aber nicht derart inflationär genutzt oder gar als Spam missbraucht. Meist bewerben sich Ausbildungsplatzsuchende gleichzeitig bei fünf bis zehn Einrichtungen im näheren Umkreis ihres Wohnorts. Mit dem Vorteil, dass dies alles diakonische Einrichtungen sind und er nicht mehr unbedingt die Notwendigkeit sieht, sich auch noch bei der Konkurrenz umzuschauen.

Problemlos ließe sich diese Funktion auch für die Stellenbörse auf Ihrer Unternehmenswebsite vorstellen: Dem Bewerber wird zunächst die Möglichkeit geboten, alle Stellen, für die er sich interessiert, zu markieren – und dann eine einzige Bewerbung loszuschicken. Oder – wenn es noch nicht digital funktioniert – zumindest mehrere Stellenanzeigen-Identifikationsnummern in der Betreffzeile seiner Bewerbung zu hinterlegen.

„Ist bei uns sowieso schon möglich", bekomme ich in meinen Seminaren häufig zu hören. Auf Nachfrage stellt sich dann heraus, dass die Personalabteilungen von Sozial- oder Pflegeeinrichtungen natürlich jede eingehende Bewerbung dahingehend prüfen, ob sie vielleicht auch für andere verfügbare Stellen infrage kommt. Das ist schön, reicht aber nicht. Es macht einen großen Unterschied, ob Sie diese Vorgänge „im stillen Kämmerlein" Ihrer Personalabteilung durchführen und niemand außer dem einen konkreten Bewerber, den Sie anrufen, um ihm eine alternative Stelle vorzuschlagen, davon etwas mitbekommt, oder ob Sie sie an die große Glocke hängen und bereits auf Ihrer Webseite damit werben, dass man mit einer einzigen Bewerbung bei Ihnen Zugang zu einem breiten Pool aus Stellen oder Ausbildungsplätzen erhält. Oft ist der Pflegefachkraft gar nicht klar, dass das Altenpflegeheim im Ort zu einem größeren Träger gehört, der vielleicht noch zehn weitere Einrichtungen im erreichbaren Umkreis betreibt, für die er ebenfalls Personal sucht.

Mitarbeiter werben Mitarbeiter

Die Idee, dass zufriedene Mitarbeiter einer Einrichtung oder eines Unternehmens in ihren privaten Kreisen von ihrem tollen Arbeitgeber erzählen und dadurch Freunde und Bekannte mit ähnlichen Berufen anregen, sich auch dort zu bewerben, ist nicht neu. In Sozial- und Pflegeeinrichtungen funktioniert diese Art der Personalgewinnung besonders gut, weil es sich schnell herumspricht, wenn trotz Pflegenotstand oder Erziehermangel in einem Pflegeheim oder einer Jugendwohngruppe gute Arbeitsbedingungen wie zum Beispiel ein stressarmes Arbeitsklima herrschen oder wenn dort besondere Angebote für Mitarbeiter den Stress wettmachen.

2

Der Trend besteht nun darin, diese „Mitarbeiter werben Mitarbeiter"-Methode zu professionalisieren, zu digitalisieren und offensiv zu kommunizieren. Denn die Beispiele vieler großer Unternehmen zeigen, dass sie eine wichtige Säule der Personalgewinnung sein können. Ich stelle sie hier unter dem Oberthema „niedrigschwellige Möglichkeiten der Kontaktaufnahme und Bewerbung" vor, weil es naturgemäß viel leichter ist, Bewerber über Menschen ansprechen zu lassen, die sie kennen und denen sie vertrauen, als den Kontakt zwischen zwei völlig Fremden (Bewerber und Arbeitgeber) über ein Medium wie eine Stellenanzeige herzustellen.

Laut der Studie „Recruiting Trends 2016" sagen über 56 Prozent der befragten Bewerber, dass sie Personen aus ihrem Bekanntenkreis für im Unternehmen bestehende freie Stellen empfehlen. 16 Prozent bekamen ihren aktuellen Job über eine solche Mitarbeiterempfehlung. Dagegen sagen nur 18 Prozent, dass sie bewusst keine Mitarbeiter aus ihrem Bekanntenkreis empfehlen, weil sie nicht mit Freunden zusammenarbeiten möchten. Manche haben die Sorge, dass eine schlechte Leistung des empfohlenen Mitarbeiters auf sie zurückfallen könnte. Grundsätzlich sind die Voraussetzungen für den Erfolg eines „Mitarbeiter werben Mitarbeiter"-Programms jedoch gegeben, eine Mehrheit der Mitarbeiter steht dafür zur Verfügung. Zudem belegen US-Studien, dass Mitarbeiter, die über Empfehlungen kommen, eine kürzere Einarbeitungszeit brauchen und länger im Unternehmen verbleiben als Mitarbeiter, die über andere Methoden gewonnen wurden.

Die Beschäftigten in der eigenen Einrichtung im Rahmen eines „Mitarbeiter werben Mitarbeiter"-Programms in die Personalgewinnung einzubinden, hat im Übrigen einen positiven Nebeneffekt: Der Mitarbeiterschaft wird klar, dass es nicht hilft, immer nur über zu viel Stress, den zu hohen Krankenstand oder die zu kleinen Teams zu jammern und die Personalgewinnung der Personalabteilung zu überlassen. Ihr wird klar, dass stattdessen jeder Beschäftigte eines Unternehmens in der Pflicht steht und seinen Teil dazu beitragen muss, das Unternehmen zukunftsfähig zu machen.

Zeitgemäße „Mitarbeiter werben Mitarbeiter"-Programme haben nun zwei besondere Merkmale:

- Sie werden über digitale Anwendungen wie talentry.de und firstbird.de abgewickelt.

- Sie sehen vor, dem empfehlenden Mitarbeiter eine Prämie zu zahlen, wenn der empfohlene Freund tatsächlich eingestellt wird beziehungsweise wenn er seine Probezeit überstanden hat.

Gegen die Idee der Prämie haben viele Einrichtungen und Unternehmen der Sozial- und Gesundheitswirtschaft Vorbehalte. Warum überhaupt zahlen, wenn „Mitarbeiter werben Mitarbeiter" auch so funktioniert? Nun, das ist eine Frage der Wertschätzung. Laut „Recruiting Trends 2016" brauchen Sie im Durchschnitt acht Personenempfehlungen, um eine einzige Stelle besetzen zu können – weil ja am Ende doch nicht jeder passt. Um in Zeiten des Fachkräftemangels die Lücken in Ihren Teams aufzufüllen, reicht es also nicht, wenn Ihre Mitarbeiter hier und dort mal ein gutes Wort für Sie einlegen. Sie brauchen Empfehlungen in großer Zahl. Und damit sich die Beschäftigten nicht ausgenutzt fühlen, sollten Sie sich dafür erkenntlich zeigen. Laut der Macher der Anwendung talentry.de werden je nach Berufsgruppe, Qualifikationsmerkmal und Hierarchiestufe zwischen 250 und 5.000 Euro pro neuem Mitarbeiter, der über eine Empfehlung kam, gezahlt – für

Pflegekräfte durchschnittlich 700 Euro. Wenn man den Preis einer Stellenanzeige in einer Onlinebörse oder Regionalzeitung damit vergleicht, die man sich spart, erscheint die Prämie durchaus angemessen.

Das „Mitarbeiter werben Mitarbeiter"-Programm über digitale Anwendungen wie talentry.de oder firstbird.de laufen zu lassen, hat mehrere Vorteile:

- Die Anwendungen machen es Ihren Mitarbeitern leicht, Ihre Stellenanzeigen per Facebook, WhatsApp, E-Mail oder XING an ihre Freunde und Bekannten weiterzuleiten und eine Empfehlung zu tätigen.

2

- Die Anwendungen machen es Ihnen leicht, Ihr „Mitarbeiter werben Mitarbeiter"-Programm im Unternehmen bekannt zu machen. Mit einem einmaligen Bericht in der Hauszeitschrift oder einem Aushang am Schwarzen Brett ist es nämlich nicht getan. Die Mitarbeiterschaft muss regelmäßig daran erinnert werden, dass Sie bei der Personalgewinnung ihre Mithilfe brauchen. Die genannten Anwendungen fordern Ihre Mitarbeiter mit regelmäßigen Stellenanzeigen-Newslettern dazu auf, sich wieder einmal im Bekanntenkreis umzuhören, wer für eine Empfehlung infrage kommen könnte. Sie bieten eine digitale Heimat mit einer einprägsamen Internetadresse (URL), auf die Sie auf Flyern oder anderen Werbematerialien hinweisen können.

- Die Anwendungen machen es Ihnen leicht, die dann hoffentlich bald in größeren Mengen eingehenden Mitarbeiterempfehlungen zu verwalten, die empfohlenen Mitarbeiter den empfehlenden Mitarbeitern zuzuordnen und so auszuwerten, wer als Multiplikator besonders hilfreich ist: wer am meisten Personen empfiehlt oder wer die besten Personen empfiehlt, die am Ende auch wirklich eingestellt werden und im Unternehmen bleiben.

Eine interessante Variante der „Mitarbeiter werben Mitarbeiter"-Methode kommt aus den USA. Dort sind so genannte „Now Hiring Cards" gang und gäbe. Dabei handelt es sich um visitenkartengroße Kärtchen, auf denen unter der Überschrift „Now Hiring" („Wir stellen gerade neue Mitarbeiter ein") oder „Always Hiring"

(„Wir sind immer auf der Suche nach neuen Mitarbeitern") die Aufforderung formuliert ist, sich gerne per Initiativbewerbung zu melden. Neben Ansprechpartner, Telefonnummer und Mailadresse der Personalabteilung gibt es auf dem Kärtchen zwei Freifelder, in die Namen eingetragen werden können. Nun bekommt jeder Mitarbeiter die „Now Hiring"-Karten genau wie seine Visitenkarten stets in ausreichender Menge zur Verfügung gestellt. Wenn er einer Person aus seinem Bekanntenkreis empfehlen möchte, sich zu bewerben, oder wenn er neue Menschen kennenlernt, die als Kollegen infrage kommen könnten, überreicht er ihnen ein solches Kärtchen. Nicht ohne vorher in die Freitextfelder zwei Namen eingetragen zu haben: seinen eigenen als Empfehler und den des empfohlenen Bewerbers. Der Bewerber heftet die ausgefüllte „Now Hiring"-Karte an seine Bewerbung. So weiß die Personalabteilung, dass diese Bewerbung von einer empfohlenen Person kommt, und wer die Empfehlung getätigt hat.

Abbildung 7: Muster einer „Now Hiring"-Karte, © WALHALLA Fachverlag

Weitere Trendthemen im Recruiting

3

Fünf Sterne für das Unternehmen: Arbeitgeberbewertungsportale

Es kommt nicht von ungefähr, dass die Stunde der „Mitarbeiter werben Mitarbeiter"-Programme – wie eben in Kapitel 2 vorgestellt – gerade jetzt geschlagen hat. Letztendlich liegt ihnen ein Trend zugrunde, der schon seit dem Einzug der sozialen Netzwerke in unser Leben vor einigen Jahren, die digitale Gesellschaft prägt: das Empfehlungsmarketing. In dem Zuge, in dem Menschen begannen, ihre Lieblingsschuhe, Lieblingsgerichte und Lieblingsurlaubsorte bei Facebook zu posten und die Lieblingskleidung, Lieblingsbars und Lieblingssportmannschaften ihrer Freunde zu „liken", funktioniert Werbung weniger nach dem herkömmlichen Muster: Hübscher Mensch hält auf der Kinoleinwand eine neue Limonade in die Kamera und erzählt, welche Abenteuer man erlebt, wenn man diese Limonade trinkt – und schon laufen alle Zuschauer in die Geschäfte und kaufen die Limonade. Stattdessen kauft man heute das, was Freunde einem in den sozialen Netzwerken empfehlen. Wenn drei von ihnen sich mit einem bestimmten Paar Turnschuhe bei Facebook oder Instagram in Szene setzen, müssen die Turnschuhe wohl wirklich gut sein, oder?

Auf der Welle dieses Trends sind auch Bewertungsportale und -anwendungen wie Tripadvisor oder Yelp entstanden, die Erfahrungsberichte über Reisen, Restaurants oder Geschäfte im Kiez versammeln. Dabei entwickelt haben sich auch Arbeitgeberbewertungsportale, in denen anonyme Erfahrungsberichte ehemaliger und aktueller Mitarbeiter, Bewerber, Praktikanten oder Auszubildender über Arbeitgeber veröffentlicht werden. In Zeiten des Empfehlungsmarketings haben diese einen hohen Stellenwert, denn auch für die Arbeitgeberwahl gilt: Menschen vertrauen den Erfahrungen, die andere Menschen mit einem Unternehmen gemacht haben, eher als Personalmarketingkampagnen oder dem, was das Unternehmen selbst über sich behauptet.

Zu den Arbeitgeberbewertungsportalen gehören kununu.com, glassdoor.de, jobvoting.de, jobvote.com, meinchef.de, arbeitgebertest.de, bizzwatch.de und meinpraktikum.de. Diese Kanäle unterscheiden sich nur im Detail. Marktführer kununu.com – nach eigenen Angaben mit rund 1,3 Millionen Bewertungen zu über

280.000 Unternehmen (Stand 11/2016) das größte Arbeitgeberbewertungsportal in Europa – sollten Sie auf jeden Fall im Auge
behalten.

Klar, eigentlich sind Arbeitgeberbewertungsportale keine Per-
sonalgewinnungsinstrumente im engeren Sinne. Tatsächlich haben sie aber durchaus einen Einfluss darauf, ob Ihre Bemühun-
gen, über Stellenanzeigen oder andere Methoden Bewerber zu
gewinnen, Erfolg haben oder nicht. Denn Bewerber informieren
sich dort, was andere von Ihnen als Arbeitgeber halten, bevor
sie ihre Bewerbung losschicken oder eine angebotene Stelle zusagen. Die Macher der Arbeitgeberbewertungsportale wünschen
sich von ihren Nutzern ausdrücklich Lob oder konstruktive Kritik,
damit Unternehmen sich verbessern können, dennoch wird auch
viel ungefilterter und unreflektierter Frust abgeladen. Wenn der
Arbeitgeber nicht selbst ein Unternehmensprofil anlegt, die Erfahrungsberichte überwacht und steuert, findet die Bewertung
eben in seiner Abwesenheit statt.

3

Über 4.000 Unternehmensprofile und über 26.000 Bewertungen
(Stand 11/2016) sind in der Rubrik Gesundheitswesen/Soziales/
Pflege bei kununu.com hinterlegt. „Die Stationsleitung kann nur
noch den Mangel verwalten und muss Dinge durchsetzen, die sie
nicht vertritt", schreibt ein Krankenpfleger aus einer Hamburger
Klinik. „Ältere Kollegen sind oft psychisch sehr angeknackst",
schreibt ein Angestellter in der Jugendhilfe im Landkreis München. Würden Sie sich bei einem Arbeitgeber bewerben, über den
Sie solche Dinge lesen?

Die „Social Media Personalmarketing Studie 2016" gibt zwar ein
wenig Entwarnung: Während 58 Prozent der Unternehmen auf
kununu.com unterwegs sind, nutzen demnach nur 5 Prozent der
Studenten und Absolventen und 22 Prozent der befragten Fach-
und Führungskräfte Arbeitgeberbewertungsportale, um sich vor
einem Jobwechsel über den neuen Arbeitgeber zu informieren.
Das klingt erstmal nicht so viel. Andererseits ist jeder einzelne
Nutzer, der ein Arbeitgeberbewertungsportal besucht und Ihren
Unternehmensnamen in die Suchmaske eingibt, ein potentieller
Bewerber.

Und das sind nicht wenige. Eine Stichprobe bei der oben genannten Einrichtung der Jugendhilfe im Landkreis München, die Probleme mit den älteren Kollegen hat und insgesamt 270 Mitarbeiter beschäftigt, bringt es auf fast 17.000 Profilaufrufe in ein paar Jahren. Selbst wenn nur ein Bruchteil dieser Nutzer über eine Bewerbung nachgedacht haben sollte, ist das Potential für die Einrichtung riesig.

Dazu kommt: Gerade in Krisenzeiten, wenn Ihr Unternehmen oder die Branche mit negativen Schlagzeilen in den Medien ist, steigen erfahrungsgemäß die Zugriffe auf Arbeitgeberbewertungsportalen. Schlechte Bewertungen über Ihr Unternehmen unkommentiert stehen zu lassen, rächt sich spätestens dann. Umgekehrt können schlechte Bewertungen sogar einen positiven Effekt haben, wenn Sie souverän reagieren. 36 Prozent der Fach- und Führungskräfte in der oben genannten Studie sagen, Unternehmen könnten schlechte Bewertungen durch Stellungnahmen, in denen sie ihre Kritikfähigkeit beweisen, ausgleichen.

Ein weiteres Argument dafür, sich mit Arbeitgeberbewertungsportalen auseinanderzusetzen: Anbieter wie kununu.com betreiben in großem Stile Suchmaschinenoptimierung und Suchmaschinenmarketing. Das heißt, sie sorgen zum Beispiel durch bezahlte Werbung, technische und redaktionelle Tricks dafür, dass ihre Plattform von Google gefunden und prominent angezeigt wird. Daher kann es passieren, dass einem Nutzer, der bei Google Ihr Unternehmen sucht, der Eintrag zu Ihrem Unternehmensprofil auf kununu.com weiter oben in der Liste angezeigt wird als Ihre eigene Einrichtungswebseite, für die Sie wahrscheinlich wenig Suchmaschinenoptimierung oder Suchmaschinenmarketing machen. Im Zweifelsfall sieht Ihr Bewerber also nicht zuerst Ihre Einrichtungswebseite, sondern das, was auf Arbeitgeberbewertungsportalen über Ihr Unternehmen verbreitet wird.

Best Cases – Interview mit der Leiterin der Akademie Michaelshoven

Erfahrungsbericht: Diakonie Michaelshoven auf kununu.com

Wie die Auseinandersetzung mit Arbeitgeberbewertungsportalen in einem Unternehmen begonnen werden kann, berichtet Dr. Anette Hild-Berg, Leiterin der Akademie Michaelshoven und Verantwortliche für Strategische Personalentwicklung bei der Diakonie Michaelshoven.

Seit wann ist die Diakonie Michaelshoven bei kununu.com aktiv und wie kam es dazu?

Im Jahr 2008 gab es die erste Bewertung über unser Unternehmen auf kununu.com, ohne dass wir das gesteuert hätten. Mitte Oktober 2014 haben wir uns dann dazu entschlossen, das Arbeitgeberbewertungsportal aktiv zu nutzen, eine Unternehmenspräsentation dort zu erstellen und regelmäßig zu aktualisieren sowie auf Bewertungen zu reagieren. Wir registrieren hohe Klickzahlen auf unserem Profil. Das war eine bewusste Entscheidung der Unternehmenskommunikation, die auch der Vorstand mitträgt – anders geht es nicht. Ein Drittel aller Bewerber nutzt kununu.com, um sich über einen Arbeitgeber zu informieren, bevor sie sich dort bewerben, darum ist unser Unternehmensauftritt dort wichtig.

Das persönliche Marketing (Empfehlungsmarketing) ist heutzutage die effektivste Form von Personalgewinnung. Wenn jedoch Mitarbeiter Freunden erzählen, bei uns zu arbeiten sei nicht so toll, entsteht ein Schaden, den wir uns nicht leisten können.

Wie läuft es praktisch: Wer kümmert sich um Ihren kununu.com-Auftritt, wie viel Zeit benötigen Sie dafür?

Wir haben die Verantwortung auf mehrere Schultern verteilt. Die Pflege des Unternehmensprofils übernimmt die Unternehmenskommunikation. Die Reaktion auf die Arbeitgeberbewertungen übernehme ich als Verantwortliche für die Strategische Personalentwicklung. Über die positiven freuen wir uns, aber meine Arbeit beginnt bei den negativen Bewertungen. Da geht es um Personalthemen, um Führungsthemen. Mitarbeiter fühlen sich häufig nicht genug wertgeschätzt, nicht gesehen, und werden ihren Frust auf kununu.com los. Die Bewertungen sind meist sehr allgemein gehalten.

Wir versuchen, sie in unserer Reaktion zu konkretisieren: Worum geht es genau? Nur wenn wir einen konkreten Ansatzpunkt haben, können wir daraus lernen und uns auch verbessern. Denn etwas Wahres ist an jeder Kritik dran! Natürlich wird bei uns kein Mitarbeiter absichtlich verletzt. Aber bei 2.000 Mitarbeitern passieren unseren Führungskräften auch mal Fehler. Das ist ganz normal. Und selbst wenn es nur ein subjektiver Eindruck ist – das reicht uns, um die Kritik ernstzunehmen.

Forschen Sie dann nach, von welchem Mitarbeiter die negative Bewertung kommt?

Man hat so ein Gefühl, aus welchem Bereich die Kritik kommen könnte. Und meist liegt man damit richtig. Man kennt ja sein Unternehmen und weiß, wo Dinge im Umbruch sind und Missverständnisse entstehen könnten. Wir forschen da aber nicht nach und konfrontieren auch keine Mitarbeiter mit unserem Verdacht. Kununu.com ist anonym und das soll es auch bleiben. Wir möchten unsere Mitarbeiter nicht entblößen, sondern Vertrauen schaffen, eine Atmosphäre aufbauen, in der klar ist: Man kann mit uns reden. Wir haben bewusst auch die Mitarbeitervertretung (MAV) mit ins Boot geholt. Durch diese Strategie hoffen wir, erreichen zu können, dass unzufriedene Mitarbeiter beim nächsten Mal erst zur MAV gehen, bevor sie mit ihrer Kritik online gehen.

Wir brauchen interne Mechanismen, um Probleme zu lösen. Häufig erfährt man ja gar nichts von den Unzufriedenheiten – dann kann man auch nichts ändern! Wir würden unsere Mitarbeiter übrigens niemals auffordern, uns bei kununu.com gut zu bewerten.

Haben Sie vorgefertigte Antwort-Bausteine, um auf Kritik bei kununu.com schnell reagieren zu können?

Nein, wir beantworten jede Bewertung individuell. Das Gießkannenprinzip bringt in den sozialen Netzwerken nichts. Es sind auch nicht so viele Bewertungen, dass der Arbeitsaufwand unüberschaubar wäre, es bindet nicht so viel Personal wie befürchtet. Im vergangenen Jahr hatten wir fünf Bewertungen über das Jahr verteilt. Ich denke, die Bewertungen kommen vermehrt, eher wellenartig, wenn es zum Beispiel Umstrukturierungen im Unternehmen gibt. Diese geben dann möglicherweise Anlass für Reaktionen, die dann auch negativ sein können.

Welche Tipps haben Sie für Sozial- und Pflegeeinrichtungen, die auf kununu.com aktiv werden wollen?

Sie müssen sich bewusst dafür entscheiden, dass es einen Nutzen hat, sich in den sozialen Medien zu platzieren, aber dass sie auch ein Risiko eingehen. Die Bewertungen stehen erstmal für alle Welt einsehbar da, auch wenn sie negativ sind. Diese Unsicherheit müssen Sie aushalten. Wir haben uns klargemacht, dass der Nutzen größer ist als das Risiko. Es geht einfach nicht ohne. Wir machen wirklich gute Erfahrungen mit kununu.com. Wir machen einen bewussten Schritt in die Auseinandersetzung, wir stellen uns den Knackpunkten. Wir müssen das auch machen, damit wir als Arbeitgeber marktfähig sind. Wir möchten junge Leute ansprechen, denn das Durchschnittsalter unserer Mitarbeiter liegt bei 44 Jahren, in manchen Bereichen noch höher.

Wir brauchen die guten Leute. Und die kriegen wir nicht, indem wir uns nur auf eine Messe für Sozialberufe stellen.

Tipps für Arbeitgeberbewertungsportale

Nehmen Sie Stellung

Die Stellungnahme-Funktion für Arbeitgeber ist bei kununu.com zunächst kostenlos. Wenn Sie eine Bewertung bekommen haben, klicken Sie unten rechts auf „Ihr Unternehmen: Stellungnahme-funktion" oder gehen Sie direkt über den Link kununu.com/info/ statement und weisen nach, dass Sie als Vertreter für das entsprechende Unternehmen sprechen dürfen. Sobald Sie freigeschaltet wurden, können Sie Nutzerbewertungen kommentieren.

Entwerfen Sie ein Unternehmensprofil

Ansprechender ist als Basis für Ihre Stellungnahmen natürlich ein professionelles, kostenpflichtiges Unternehmensprofil mit Inhalten wie Fotos, Videos, Texten, Stellenanzeigen und Verlinkung zur Karriererubrik auf Ihrer Einrichtungswebseite. Gut zu wissen: Das Arbeitgeberbewertungsportal kununu.com und das Karrierenetzwerk XING gehören zusammen. Wer in einem Kanal ein kostenpflichtiges Unternehmensprofil bucht, kann automatisch auch im anderen Kanal die Premiumfunktionen nutzen.

Lesen Sie regelmäßig mit

Besuchen Sie Ihr Unternehmensprofil, sei es ein kostenloses oder kostenpflichtiges, regelmäßig und prüfen Sie die neuen Bewertungen. Betrachten Sie negatives Nutzerfeedback auf Arbeitgeberbewertungsportalen nicht als Ärgernis, sondern als willkommene Chance, um Ihr Unternehmen als Arbeitgeber weiterzuentwickeln. Gestalten Sie den Dialog aktiv mit.

Überprüfen Sie negative Bewertungen

Gehen Sie negativen Bewertungen auf den Grund: Ist die Kritik berechtigt? Bei nachweislich falschen Behauptungen hilft das Serviceteam des Arbeitgeberbewertungsportals.

Kommunizieren Sie mit den Bewertern

Ist die Kritik berechtigt, bedanken Sie sich für den Hinweis und lassen Sie erkennen, dass Sie ihn ernst nehmen und Verbesserungsmaßnahmen eingeleitet haben, ohne sich dabei in die Defensive drängen zu lassen. Lassen Sie sich auf Arbeitgeberbewertungsportalen nicht auf Streitgespräche mit Nutzern ein, sondern lenken

Sie nach einer kurzen, sachlichen Stellungnahme die Diskussion auf andere Kanäle um. Dazu können Sie eine Telefonnummer nennen, einen Termin für ein persönliches Gespräch anbieten oder auf den Kummerkasten, den Mediator oder den Betriebsrat/die Mitarbeitervertretung in Ihrer Einrichtung hinweisen.

Lassen Sie auch Lob nicht unbeantwortet. Bedanken Sie sich für die positive Bewertung.

Beispiel: Offizielle Stellungnahme des Arbeitgebers

Liebe*r Mitarbeiter*in, vielen Dank für Ihre Bewertung! Ihre Meinung ist uns wichtig. Besonders freuen wir uns, dass Sie Aspekte wie xy in unserem Unternehmen mit vier oder fünf Sternen bewertet haben. Doch auch Ihre Kritik nehmen wir ernst. So sehen Sie bei den Aspekten xy noch Verbesserungsbedarf. Es wird Sie interessieren zu hören, dass wir Maßnahme xy eingeleitet haben, um Aspekt xy mitarbeiterfreundlicher zu gestalten. Mehr Infos dazu bekommen Sie bei Ansprechpartnerin xy. Wenn Sie konkrete Verbesserungsvorschläge zu den anderen Punkten haben, können Sie diese anonym in unserem Kummerkasten hinterlegen oder einen persönlichen Gesprächstermin in der Personalabteilung unter der Telefonnummer xy vereinbaren.

Nehmen Sie Mitarbeiter mit ins Boot

Erwägen Sie die Möglichkeit, eine Mitarbeiterbefragung exakt nach den Bewertungskriterien von kununu.com und anderen Arbeitgeberbewertungsportalen durchzuführen. Fällt das Ergebnis negativ aus, sehen Sie, bezüglich welcher Punkte auch öffentliche Kritik zu erwarten ist, und können sich darauf vorbereiten. Fällt das Ergebnis positiv aus, haben Sie im Falle einer kritischen Stimme auf kununu.com belastbare Gegenargumente in der Hand: „Sie waren mit der Familienfreundlichkeit unseres Unternehmens nicht zufrieden? In unserer aktuellen Mitarbeiterbefragung bewertete ein Großteil unserer Mitarbeiter diesen Aspekt positiv."

Überreden Sie weder Kollegen, Ihr Unternehmen auf Arbeitgeberbewertungsportalen positiv zu bewerten, noch fälschen Sie positive Bewertungen, um einen guten Eindruck zu machen. Da sich

jedoch häufig unzufriedene Ex-Mitarbeiter auf Arbeitgeberbewertungsportalen ihren Frust von der Seele schreiben und das
Bild verzerren, kann es nicht schaden, die Mitarbeiterschaft zum
Beispiel im Rahmen von so genannten „Social Media Guidelines"
zur Bewertung zu ermutigen. Diesen Schritt sollten Sie allerdings
nur gehen, wenn in Ihrem Unternehmen die Atmosphäre und die
Arbeitsbedingungen stimmen. Sonst geht der Aufruf nach hinten
los. Als Führungskraft oder Mitarbeiter in der Personalabteilung
können Sie natürlich wie jeder andere Mitarbeiter auch selbst eine
Bewertung abgeben.

Infobox: Social Media Guidelines 3

Social Media Guidelines sind Richtlinien für die Nutzung von
sozialen Netzwerken und anderen digitalen Kanälen, die
Unternehmen ihren Mitarbeitern aushändigen, um das Verhalten dort in gewissem Umfang zu steuern. Die wenigsten
Menschen haben ein Medienkompetenztraining absolviert
oder sich einmal bewusst damit auseinandergesetzt, wie ein
angemessenes Verhalten in den sozialen Netzwerken aussieht
und wo dort die Grenze zwischen Einträgen als Privatperson
und Einträgen als Mitarbeiter eines Unternehmens verläuft.
Häufig ist den Kollegen zum Beispiel gar nicht bewusst, dass
sie auch auf ihren privaten Profilen, die aber öffentlich einsehbar sind, nicht über ihren Arbeitgeber schimpfen sollten,
oder wie schnell man gerade als pflegerische oder pädagogische Fachkraft in Konflikt mit der Schweigepflicht kommt,
wenn man in sozialen Netzwerken mit anderen über die
Arbeit spricht. Gelegentlich sind sich Mitarbeiter auch unsicher, ob sie bestimmte Kanäle überhaupt nutzen dürfen
(z.B. WhatsApp für die „Übergabe", also den Austausch von
aktuellen Informationen über Patienten/Klienten zwischen
Fachkräften). All diese Fragen können Sie in den Social Media Guidelines, die jedem Mitarbeiter überreicht werden,
klären – und eine Einladung zum Verfassen einer Bewertung
Ihres Unternehmens in Arbeitgeberbewertungsportalen hin-
zufügen.

Bewerber, die wirklich passen: Matching-Tools

Nichts ist für einen Arbeitgeber ärgerlicher als viel Zeit und Geld in einen Bewerber investiert zu haben, der am Ende nicht einmal die Probezeit übersteht. Dadurch, dass es vielen Unternehmen in den vergangenen Jahren vor allem um eine quantitative Verbesserung der Recruitingerfolge, also eine Erhöhung der Bewerberzahlen auf Teufel komm raus ging, ist aber genau das immer häufiger passiert.

Beispiel:

3

Eine Teilnehmerin berichtete unserer staunenden Seminar-gruppe von 80 Bewerbungen von pädagogischen Fachkräf-ten für ihre Jugendhilfeeinrichtung, die derzeit auf ihrem Schreibtisch lägen – sie sei aber auch auf eine solche Menge an Bewerbern angewiesen, weil die meisten neuen Mit-arbeiter nach wenigen Monaten das Unternehmen wieder verließen. Die Teams in den Jugendwohngruppen seien völ-lig frustriert darüber, ständig neue Kollegen einarbeiten zu müssen. Zunächst gratulierte ich ihr dazu, dass sie im Gegen-satz zu vielen anderen Arbeitgebern grundsätzlich offenbar in ihren Stellenanzeigen und auf ihrer Einrichtungswebseite den richtigen Ton traf, um Bewerber neugierig auf ihr Unter-nehmen zu machen.

Doch dann stellten wir im Gruppengespräch fest, dass ihre „Durchlauferhitzer"-Strategie nicht länger tragbar und niemandem damit geholfen war. Es führte kein Weg daran vorbei, sich mehr Mühe damit zu geben, nicht irgendwelche, sondern die passenden Bewerber anzusprechen. Als Grund für die hohe Abbruchquote kristallisierte sich die schwierige Klientel von stark traumatisierten Jugendlichen heraus, die in den Wohngruppen der Einrichtung betreut wurden. Fragen, die es nun zu beantworten galt, waren: Welche Art von Sozialarbeitern, Erziehern oder Jugend- und Heimerziehern bringen die richtige Motivation und die notwendigen Kom-petenzen mit, um mit dieser Klientel klarzukommen?

Schnell war klar, dass sich eine neue Recruiting-Kampagne ganz konkret an erfahrene Fachkräfte richten musste, die für die zweite Hälfte ihres Berufslebens bewusst noch einmal eine neue Herausforderung suchten. Dass eine Kooperation mit Weiterbildungsstätten für Intensivpädagogik vielversprechender wäre als das Schalten von Stellenanzeigen. Dass die schwierige Klientel in allen zukünftigen Personalmarketingmaßnahmen und Vorstellungsgesprächen unumwunden angesprochen werden musste, damit die Bewerber wüssten, worauf sie sich einließen. Dass es in diesem Fall umso wichtiger war, die Vorteile herauszuarbeiten, die der Arbeitgeber seinen Mitarbeitern bieten konnte, um die herausfordernde Tätigkeit auszugleichen.

3

Bewerber, die wirklich zur Einrichtung passen und deswegen zu treuen Mitarbeitern werden: Auch so genannte Matching-Tools versprechen, sie zu finden und die Personalgewinnung damit zielgerichteter zu machen. Sie heißen matchingbox.de, profilingvalues.com oder talerio.com und durchleuchten mit verschiedenen Methoden die Persönlichkeit des Bewerbers. Bei matchingbox.de funktioniert das zum Beispiel mit recht langen Reihen von Fragen, die in vier verschiedenen Persönlichkeitstests beantwortet werden müssen. Eine beispielhafte Frage, die der Kandidat beantworten soll, lautet: „Um schwierige Situationen zu lösen bleibe ich a) meinen Prinzipien treu oder höre ich b) auf mein Bauchgefühl." Anhand seiner Antworten wird das Persönlichkeitsprofil erstellt und eine Empfehlung für die Einstellung ausgesprochen oder eben nicht.

Nun könnten wir in der Sozial- und Pflegebranche argumentieren, dass wir uns den Luxus, eine Auswahl nach Charakter zu treffen, nicht leisten können. Die Personalnot ist so groß, dass wir auf jeden einzelnen Bewerber angewiesen sind. Doch dabei ist zu bedenken, dass ein neuer Mitarbeiter an der falschen Stelle viel kaputt machen kann. Im Zweifelsfall bringt er die ohnehin gestresste Stimmung im Team völlig zum Kippen, die Mitarbeiter klagen in Arbeitgeberbewertungsportalen oder unter Freunden darüber und es wird in Zukunft gänzlich unmöglich, Bewerber zu finden. Ein überengagierter Berufseinsteiger, der gleich alles verändern will, anstatt sich erst mal einzufühlen, kann ein jahrelang harmonisch funktionierendes Team innerhalb weniger Wochen auf den Kopf stellen. Oder er kann den notwendigen frischen Wind in eine Kita, Wohngruppe oder Pflegestation bringen. Eine ruhige, besonnene Fachkraft kann je nach Einsatzstelle die gute Seele einer Einrichtung werden oder völlig untergehen.

Genau zu überlegen, wen man wo einsetzt, mag am Anfang mehr Geduld erfordern, die schwer aufzubringen ist, wenn die vorhandenen Mitarbeiter bereits am Rande ihrer Kräfte agieren, wird aber durch nachhaltigere Recruitingerfolge belohnt.

3 Der „Cultural Fit"

Wenn wir von „Bewerbern, die wirklich passen", sprechen, kann das zwei verschiedene Aspekte meinen: Bewerber, die den Aufgaben oder der Klientel einer Stelle gewachsen sind, oder Bewerber, die zur Unternehmenskultur passen, bei denen die Chemie stimmt – dann spricht man vom „Cultural Fit". Die Grenze zwischen beiden ist fließend. Wie so vieles im Recruiting läuft die Messung, ob der „Cultural Fit" stimmt, wenn sie denn überhaupt stattfindet, meist intuitiv ab. Die Mitarbeiter, die den Bewerber bei der Hospitation oder im Vorstellungsgespräch erlebt haben, überlegen rein nach Bauchgefühl, ob „es passt" oder nicht.

Wer die Methode des „Cultural Fit" professionell einsetzt, geht allerdings anders vor. Solche Unternehmen stellen sich schon vor dem Verfassen der Stellenanzeige folgende Fragen:

- Was macht unsere Unternehmenskultur aus?

- Welche konkreten Merkmale sollte ein Mitarbeiter, der zu uns passt, mitbringen?

- Welche Gemeinsamkeiten, welche Persönlichkeitseigenschaften haben die Mitarbeiter, die schon lange und gut in unserem Unternehmen arbeiten?

- Vielleicht sogar: Wo verbringen sie ihre Freizeit, welche digitalen Kanäle nutzen sie?

Je mehr Mitarbeiter Sie dazu befragen und je mehr Daten Sie zusammentragen, desto größer ist die Wahrscheinlichkeit, dass sich bestimmte Muster erkennen lassen, auf die Sie vielleicht vorher gar nicht gekommen sind und die Sie für Ihre Personalgewinnungsstrategie nutzen können. Doch auch ein einfaches Brainstorming im Team kann schon helfen, eine „Persona" (fiktive, beispielhafte Persönlichkeit) Ihres typischen Mitarbeiters zu erstellen.

Aus diesen Überlegungen lassen sich Schritte für das passgenaue Recruiting ableiten:

- Welche Zielgruppe sollten Sie adressieren? Fühlen sich in Ihrer Einrichtung eher Berufseinsteiger wohl, die voller Tatendrang und Idealismus aus der Ausbildung kommen, frischen Wind mitbringen und eingefahrene Prozesse erstmal über den Haufen werfen möchten? Oder bestehen Ihre Teams eher aus lebenserfahrenen Quereinsteigern, die eine gewisse Gelassenheit und Krisenfestigkeit für die Erledigung ihrer Aufgaben mitbringen und Kraft aus der Routine schöpfen? Machen Sie nicht den Fehler zu sagen: Wir brauchen sie alle. Unterschiedliche Typen wollen in Stellenanzeigen, sozialen Netzwerken oder auf Karrierewebseiten unterschiedlich angesprochen werden.

- Je genauer Sie Ihre Zielgruppe definiert haben, desto passgenauer können Sie auch Ihre Werbung und Stellenanzeigen platzieren. Auf Berufseinsteiger in spe können Sie in Ausbildungsstätten, Hochschulen oder in speziell auf diese Zielgruppe zugeschnittenen digitalen Kanälen zugehen. Stellenanzeigen für Quereinsteiger müssen ganz anders formuliert und in ganz anderen Kanälen platziert werden. Wer es mit dem „Cultural Fit" ernst meint, treibt es sogar noch einen Schritt weiter und fragt sich: Wo treiben sich Personen mit den beschriebenen Merkmalen außerhalb der Arbeit eigentlich herum? Vereinfacht gesagt finden Sie risikobereite Mitarbeiter beim Poker-Turnier, teamfähige Mitarbeiter in Sportvereinen, soziale Mitarbeiter auf Charity-Events, reiselustige Mitarbeiter in Bahn oder Flugzeug und Lifestyle-begeisterte Mitarbeiter in der neuesten Smartphone-App. Genau dort gilt es dann, Personalmarketing zu betreiben.

Die Merkmale, die Sie sich an einem Mitarbeiter wünschen, ehrlich zu benennen und für die Bewerber transparent darzustellen, ist gar nicht so einfach. Oft kommen Unternehmen an den Punkt, an dem sie hinter verschlossenen Türen in der Teamsitzung zwar

3

recht klar herausgearbeitet haben, welche Art von Mitarbeitern sie bräuchten, sich dann aber scheuen, damit an die Öffentlichkeit zu gehen. „Sowas kann man doch nicht in die Stellenanzeige schreiben", heißt es, oder „Das dürfen wir nicht schreiben, das ist diskriminierend" oder „Aber wenn wir das schreiben, dann bewerben sich ja all die anderen nicht, die dieses Merkmal nicht erfüllen".

Die Bedenken sind verständlich, können aber schnell entkräftet werden: Wenn sich ein Bewerber, der von seiner Persönlichkeit her nicht ins Team passen würde, dagegen entscheidet, sich bei Ihnen zu bewerben, ist das doch nur positiv. Es erspart Ihnen viel Zeit und Arbeit. Dieser Bewerber würde als Mitarbeiter sowieso nicht lange bleiben.

Gerade die nachwachsenden Generationen, die Generationen Y und Z, legen großen Wert auf Transparenz. Ehrlichkeit ist ihnen an einem Arbeitgeber wichtiger als ein hohes Gehalt oder andere Faktoren. Daher wissen sie es sehr zu schätzen, wenn sie vorab erfahren, dass in Ihrer Einrichtung beispielsweise derzeit wenig Raum für neue Projekte und innovative Ideen ist, weil Sie gerade in einem Umzugsprozess oder einem Trägerwechsel stecken, der alle Aufmerksamkeit beansprucht. Und dass neue Mitarbeiter daher erstmal gewillt sein sollten, sich in das bestehende System einzufügen, bevor sie sich dann in einigen Jahren wieder verstärkt einbringen können.

Big Data im Recruiting

Ob Matching-Tools, Arbeitgeberbewertungsportale oder „Mitarbeiter werben Mitarbeiter"-Softwares, eines haben sie alle gemeinsam: Ihre Funktionsweise basiert darauf, Daten zu sammeln und auszuwerten, um die Personalgewinnung und die Arbeitgeberauswahl zu vereinfachen.

Und damit sind wir auch schon beim nächsten „Megatrend" im Recruiting: dem Thema Big Data. Im Zusammenhang mit dem „Cultural Fit" haben wir es schon angesprochen und im Zusammenhang mit der Rechtschreibung im Bewerbungsanschreiben auch: Häufig beruhen Entscheidungen im Recruiting, zum Beispiel die Entscheidung für oder gegen einen Bewerber, auf reinem Bauchgefühl und Vermutungen: Wer ein fehlerloses Anschreiben einreicht, ist sicher ein besserer Mitarbeiter als der, der Tippfehler macht? Wer irgendwie sympathisch wirkt, wird schon gut ins Team passen? Aha. Das sind ja wilde Thesen. Wenn man sich das einmal vor Augen führt, ist es doch sehr erstaunlich, dass Einrichtungen im Sozial- und Gesundheitswesen so leichtfertig über ihr wertvollstes Gut, die Mitarbeiter, entscheiden. In anderen Branchen wird mit Assessment Centern, also standardisierten Auswahlverfahren gearbeitet, um eine möglichst objektive und valide Einschätzung über den Bewerber zu treffen. Ich möchte nun nicht dafür werben, dies in unserer Branche einzuführen – das wäre wohl für viele kleine und mittlere Einrichtungen utopisch und bei der geringen Anzahl an Bewerbern auch sinnlos. Außerdem stehen Assessment Center häufig in der Kritik, zum Beispiel weil sie nicht auf die konkrete freie Stelle zugeschnitten sind, weil sie dem Bewerber Aufgaben abverlangen, die gar nichts mit dem späteren Berufsalltag zu tun haben, oder weil sie den Bewerber in eine Stresssituation versetzen, in der es ihm selten gelingt, seine wahre Persönlichkeit zu zeigen.

3

Was die HR-Szene stattdessen – seit der Präsentation der Studie „Big Data im Recruiting" durch das Karrierenetzwerk LinkedIn im Mai 2015 – verstärkt diskutiert: bei der Personalbeschaffung mehr mit Fakten, Analysen und Statistiken zu arbeiten, anstatt sich auf Bauchgefühl und Vermutungen zu verlassen.

Laut der genannten Studie tun das 9 Prozent der befragten Unternehmen bereits, 27 Prozent planen es konkret oder diskutieren unternehmensintern darüber. Der Ansatz „Big Data im Recruiting" bedeutet dabei weit mehr als nur, Bewerbungseingänge zu zählen und zu verzweifeln, weil es immer weniger werden. Oder dem Vorstand stolz zu berichten, dass man in der Personalgewinnung erfolgreich neue Wege gehe, bloß weil die Fan-Zahl bei Facebook langsam wächst.

Infobox: Big Data

Big Data zu nutzen bedeutet, große Mengen an Daten zu sammeln, auszuwerten und miteinander zu kombinieren, um daraus Trends herauszulesen oder Unternehmensentscheidungen abzuleiten. Wenn die Daten Mitarbeiter und Bewerber betreffen, spricht man auch von „HR Analytics".

Es geht um die Kombination verschiedenster interner und externer Datenquellen wie Mitarbeiter-Stammdaten, Arbeitsmarktzahlen, Gehaltsvergleichsstudien oder Daten aus sozialen Netzwerken, um auf einer validen Grundlage bessere Personalentscheidungen in kürzerer Zeit zu treffen.

Zudem gibt es „Big Data"-Instrumente wie talentwunder.com (alle Branchen), talentbin.com (nur ITler und Webdesigner), entelo.com und textkernel.com (beide englischsprachig), die auf der Suche nach passenden Kandidaten für eine freie Stelle nicht nur ein einzelnes Netzwerk wie beispielsweise XING durchsuchen, sondern das gesamte Internet. Sie ersparen Ihnen also die Arbeit, in jedem einzelnen Kanal nach Kandidaten zu forschen. Und sogar eine Person, die im Reisenetzwerk airbnb.de Zimmer vermietet und sich in ihrem dortigen Profil als Krankenpfleger zu erkennen gibt, würde Ihnen als potentieller Mitarbeiter vorgeschlagen – auch wenn airbnb. de eigentlich kein Recruitingkanal ist.

Auch identifizieren die Tools nicht nur Personen mit den gewünschten Voraussetzungen, sondern geben zusätzlich eine Einschätzung dazu ab, wie groß ihr Interesse an einem Arbeitgeberwechsel oder einem Umzug für einen neuen Arbeitgeber sein könnte, indem sie deren Aktivitäten in verschiedensten Kanälen auswerten. Ein Erzieher, der bei Facebook in den vergangenen Jahren mehrere Wohnortwechsel angegeben hat, wird Ihnen als potentieller Bewerber vorgeschlagen, auch wenn er momentan weit weg wohnt.

Andere Big Data-Instrumente wie hrforecast.de oder visier. com spezialisieren sich eher auf die Beantwortung strategischer Fragen wie: Wie viele Mitarbeiter werden wir in zehn Jahren brauchen? Schließlich gibt es Softwares wie pentaho. com, die unabhängig vom Thema Bewerbermanagement für Big Data-Analysen einsetzbar sind.

Dass kleine oder mittelgroße Sozial- und Pflegeeinrichtungen echte Big Data-Analysen durchführen, ist sicher noch Zukunftsmusik. Doch auch für unsere Branche ist es höchste Zeit, Bauchgefühl und Vermutungen in der Personalbeschaffung durch Fakten zu ersetzen und vielleicht das eine oder andere Big Data-Instrument einmal auszuprobieren.

Ein Testlauf mit talentwunder.com im Herbst 2016 listete 8.900 Personen zur Suchanfrage „Krankenpflege, Altenpflege, Krankenschwester, Pflegefachkraft, Pflegehelfer" in Berlin – darunter allerdings auch Personen, die doppelt aufgeführt sind, weil sie zum Beispiel bei XING mit ihrem echten Namen als Krankenpfleger registriert sind, bei Facebook aber mit einem Pseudonym. Natürlich können und sollen Sie eine solche Menge an potentiellen Bewerbern nicht alle anschreiben (siehe Kapitel 7 „Aktive Kandidatensuche und Direktansprache"). Wichtig ist es, diejenigen zu identifizieren, die möglicherweise Interesse an einem Jobangebot haben. Kandidaten, für die talentwunder.com eine Wechselwahrscheinlichkeit von mehr als 60 Prozent errechnet, sind grundsätzlich interessant. Das sind dann gegebenenfalls nur noch zehn Prozent der ursprünglichen Suchergebnisse.

3

Best Cases – Interview mit Dr. Marc Roedenbeck, SRH Hochschule Berlin

---

Wie die Datenanalyse im großen Stil Unternehmen voranbringen kann

---

Interview mit Dr. Marc Roedenbeck, Professor für Betriebswirtschaftslehre/ Human Resources Management an der SRH Hochschule Berlin

Warum fällt es Sozial- und Pflegeeinrichtungen so schwer, sich damit anzufreunden, dass Big Data ihnen unter anderem im Recruiting helfen kann?

Big Data und Personalarbeit passen auf den ersten Blick ungefähr genauso gut zusammen, wie Roboter und Pflegekräfte. Personaler, das sind oft Personalkaufleute, Psychologen, Soziologen oder im Laufe ihrer Karriere aus anderen Fachbereichen einer Einrichtung dazu gestoßene Mitarbeiter, und sie fokussieren sich in ihrer Arbeit gerne auf die unverfänglichen Themen wie Administration (Einstellungen, Elternzeiten, Zeugnisse, …) und Personalentwicklung (Zufriedenheitsanalysen, Job Rotation, Employer Branding, …). Die

IT-Themen im Personalbereich werden allzu gerne abgegeben und zumeist von externen Dienstleistern gelöst: sei es die Einführung einer neuen Abrechnungssoftware, die Neuauflage eines digitalen Bewerbungsprozesses oder die Entwicklung von Kennzahlensystemen zur Erfolgsmessung. Insbesondere im Sozial- und Pflegebereich, bei dem der Mensch im Mittelpunkt der Arbeit steht, ist die natürliche Distanz zur Technologie stark ausgeprägt. Aber Big Data ist eine Chance, wenngleich immer ein wenig Risiko mitschwingt.

Worauf muss ich beim Sammeln von Daten achten?

Mit „HR Analytics" können Sie mehr machen, als es nur im Recruiting anzuwenden, doch dort hat es durch die sozialen Netzwerke einen besonderen Charme. Es geht darum, große Mengen von Daten zu sammeln, auszuwerten und miteinander zu verknüpfen, um daraus zu lernen. Dazu zählen quantitative Daten, die direkt als Zahlen vorliegen (Mitarbeiterzufriedenheit, Leistungsdaten wie bediente Klienten pro Tag, Kundenzufriedenheit, Anzahl von Twitter-Meldungen, …). Dazu zählen aber auch qualitative Daten, die erst in Zahlen übertragen werden müssen, bevor man sie auswerten kann: Aussagen von Personen, die mit dem Mitarbeiter zu tun haben (Führungskräfte, Lieferanten etc. im so genannten 360° Feedback) oder Kompetenzen von Bewerbern. Doch Vorsicht, wie immer steckt der Teufel im Detail: Die beste Analysemethodik kommt nicht zum Erfolg, wenn die Datengrundlage einer Datenmüllhalde gleicht. Das Motto bei der Arbeit mit Big Data lautet immer wieder: aufräumen, überarbeiten, glattstreifen.

Welche konkreten Daten können Einrichtungen im Sozial- und Gesundheitswesen helfen?

Betrachten wir ein Beispiel: Ein durchschnittliches Pflegeunternehmen in Deutschland hat gemäß Pflegemarkt.com (2014) rund 20 angestellte Pflegekräfte. In der ambulanten Pflege müssen diese laut dem Deutschen Berufsverband für Pflegeberufe (2009) 16 Kunden pro Tag betreuen. Dabei werden nicht selten bis zu 70km Strecke zurückgelegt. Pro Woche mit fünf Werktagen werden also 20x16x5 = 1.600 Befindlichkeitsdaten der Klienten sowie weitere 1.600 Zufriedenheitswerte durch Klientenkontakte gesammelt. Dazu kommen Streckeninformationen wie Verkehrsdichte oder Baustellen für 20x70x5 = 7.000km und nicht zuletzt 20x5 = 100 Zufriedenheits- und Belastungsdaten der Mitarbeiter. Das macht schlappe 10.300 Datensätze pro Woche – und das war erst der Anfang. Was ist mit den Personalgesprächsdaten pro Jahr, mit der Arbeitszeiterfassung, mit Qualifikationsnachweisen? Viele dieser Daten liegen zunächst nur bei den Mitarbeitern und Kunden vor, sie werden nicht abgefragt oder zentral organisiert. Doch genau dies wäre der erste Schritt in Richtung „HR Analytics". Durch das Abfragen und Auswerten der Daten bekommen Sie zum Beispiel die Chance, bessere Routen für die ambulante Pflege zu planen, Informationen zur Befindlichkeit des Klienten im Vertretungsfall digital abzurufen, die Leistung Ihrer Pflegekräfte transparenter zu machen – kurzum, Sie könnten das Ihnen zur Verfügung stehende Wissen besser nutzen. Es geht bei Big Data also darum, sich als Unternehmen selbst kennenzulernen. Herr der Komplexität zu werden und Daten so aufzubereiten, dass sie Ihnen helfen, Ihre Ziele zu verfolgen.

Neben den meist versteckten internen Daten gibt es auch externes Wissen, das von Bedeutung ist. Welches ist das?

Über Unternehmen wird jeden Tag geredet: auf Facebook, Twitter, Glassdoor oder Kununu. Es werden Informationen über Gehälter ausgetauscht, die Zufriedenheit mit der Personalpolitik diskutiert, über einzelne Führungskräfte oder Abteilungen gesprochen, über Kompetenzen oder entwickelte Lösungen berichtet. Warum also diese Daten nicht aktiv sammeln und in die Personalstrategie oder Bewerbersuche mit einbeziehen? Es lohnt sich für Personaler, sich die relevanten Daten anzuschauen oder sogar eine Schnittstelle entwickeln zu lassen um sie automatisch in Ihre eigenen Datenbanken zu übertragen. Denn es wird in Zukunft häufiger passieren, dass auch neue Mitarbeiter Informationen über Ihr Unternehmen aus dem World Wide Web nutzen, die Ihnen zum Teil nicht einmal selber bekannt sind. Der Clou besteht also darin zu wissen, welche Informationen wo und wie vorliegen und diese in Beziehung zu Ihren internen Daten zu setzen. Gerade Sozialunternehmen und Personaldienstleister müssen im Auge haben, wie über sie geredet wird. Aber auch Bewerber hinterlassen Daten über sich und ihre vorherigen Arbeitgeber im Internet, die Sie zum Beispiel in Vorstellungsgesprächen nutzen können. Vorsicht, verletzen Sie dabei nicht das Allgemeine Gleichbehandlungsgesetz.

Sie sprachen eingangs von gewissen Risiken, die das Thema Big Data mit sich bringt. Welche sind das?

Natürlich weckt das Thema Big Data im gesunden Menschenverstand Skepsis: Datenkraken versuchen, den gläsernen Bürger zu erzeugen, um sich als Herrscher der Information aufzuschwingen. Diese Skepsis hilft uns, beim Datensammeln die Bodenhaftung nicht zu verlieren. Es darf dabei nicht um die sinnfreie Überwachung der Mitarbeiter gehen, davon kann ich nur abraten. Erörtern Sie das Thema gemeinsam mit dem Betriebsrat und einigen Sie sich auf einen Fahrplan, der allen Beteiligten die Chance gibt, die Vorteile zu erkennen und die Risiken gemeinsam zu beseitigen.

Um welche Qualifikationen sollte ich meine Personalabteilung erweitern, wenn ich mit Big Data im Recruiting arbeiten will?

Um Big Data professionell einzusetzen, brauchen Sie einen IT-Spezialisten. Wenn dieser zum Beispiel Wirtschaftsinformatik oder Wirtschaftsingenieurwesen mit dem Schwerpunkt Personal studiert hat, eignet er sich hervorragend, um das Thema „HR Analytics" zu betreuen. Und wenn Sie dann noch einen Schritt weiter gehen und die gewonnenen Informationen aus dem Netz für die Kaltakquise von Bewerbern nutzen wollen, dann bietet es sich an, zusätzlich einen geschulten Sales-Mitarbeiter mit Berufserfahrung im Call Center einzustellen. Denn es gibt noch nicht viele herkömmliche Personaler, die etwas von IT und Sales verstehen – sie beschäftigen sich lieber mit den unverfänglichen administrativen Dingen.

3

Fachkräfte aus dem Ausland

Eine Zielgruppe, mit der gerade in der Pflege Arbeitgeber ihre Lücken füllen, sind Pflegekräfte aus dem Ausland. Laut Krankenhaus Barometer 2015 gibt es bereits in 22 Prozent der deutschen Krankenhäuser Pflegekräfte aus dem Ausland, die eigens zum Zweck der Arbeit nach Deutschland immigriert sind oder regelmäßig über die Grenze pendeln, 18 Prozent der Allgemeinkrankenhäuser geben an, in den letzten fünf Jahren gezielt Pflegekräfte aus dem Ausland angeworben zu haben. Bei kleinen Häusern (20 Prozent) und großen Häusern (26 Prozent) ist dieser Anteil sogar noch höher. Die betroffenen Mitarbeiter kommen demnach vor allem aus Polen, Spanien und den „Staaten Ex-Jugoslawiens", aus der Türkei, Russland und ehemaligen Sowjetrepubliken. 46 weitere Prozent der Einrichtungen werden in Zukunft Bedarf an solchen Mitarbeitern haben.

Die Studie „Internationale Fachkräfterekrutierung in der deutschen Pflegebranche" (Bertelsmann Stiftung, 2015) interpretiert diese Ergebnisse zurückhaltend: „Trotz der anhaltenden Schwierigkeiten, adäquates Personal zu gewinnen, ist die Rekrutierung aus dem Ausland nur das letzte Mittel der Wahl. Gerade einmal ein Sechstel der Betriebe wählt diesen Weg. Im Osten Deutschlands sind es sogar noch weniger. Lieber werben die Einrichtungen Personal von der Konkurrenz ab oder versuchen, den Krankenstand zu senken. Zu aufwendig, zu teuer, zu hohe rechtliche und sprachliche Hürden lauten die Begründungen für die Zurückhaltung. Dies trifft besonders auf kleinere Betriebe mit einem weniger professionalisierten Personalmanagement zu. Auch private Betriebe tun sich offenbar etwas leichter als öffentliche Träger von Pflegediensten, den mit der Rekrutierung im Ausland verbundenen Anfangsaufwand zu schultern."

In der Tat, der Anfangsaufwand ist nicht zu unterschätzen, doch auch die Vorteile und die Nachhaltigkeit solcher Programme – wenn sie denn sorgfältig geplant und umgesetzt werden – sind es nicht. Von der „Qualifizierungsmaßnahme für Geflüchtete" des Diakonie-Pflege Verbunds Berlin (http://bit.ly/2h4Mdoi) bis zum Projekt „Altenpflege-Ausbildung für junge Menschen aus dem Kosovo" der Diakonie Württemberg (http://bit.ly/2h4CgY0)

experimentieren viele Arbeitgeber aus dem Sozial- und Gesundheitswesen auf diesem Gebiet. Einrichtungen wie das Welcome Center Sozialwirtschaft Baden-Württemberg (welcome-center-sozialwirtschaft-bw.de) unterstützen dabei, entsprechende Programme aufzuziehen.

Best Cases – Interview mit dem Pflegedienstleiter des Gustav-Schatz-Hofes, Kiel

Mit Multi-Kulti gegen den Fachkräftemangel

3

Genug Pflegekräfte sind immer da, fünf bis zehn Initiativbewerbungen gehen pro Halbjahr ein, Stellenanzeigen müssen nur für Positionen mit besonderer Qualifikation geschaltet werden – viele Sozial- und Pflegeeinrichtungen können von solchen Zuständen nur träumen. Für den Gustav-Schatz-Hof in Kiel, der unter anderem ambulante Pflege, eine Wohngemeinschaft für Demenzkranke, eine Tagespflege und einen Mietertreff anbietet, ist es Realität. Pflegedienstleiter Thorben Maack im Interview:

Herr Maack, wie kann das sein, dass Ihre Einrichtung in Zeiten des Fachkräftemangels personalmäßig so gut dasteht?

Wir machen Quartiersarbeit in einem Stadtteil von Kiel, der von vielen unterschiedlichen Kulturen geprägt ist. Das interkulturelle Konzept sieht vor, mindestens 25 Prozent der betreuten Seniorenwohnungen an Bewohner mit Migrationshintergrund zu vermieten. Bei der Auswahl unserer Mitarbeitenden achten wir darauf, dass sie eine ausgeprägte Toleranz und interkulturelle Kompetenz mitbringen und möglichst verschiedene Sprachen beherrschen. Von unseren 48 Mitarbeitenden, die acht verschiedene Sprachen sprechen, haben derzeit 12 einen Migrationshintergrund. Es sind im Vergleich zu anderen Sozial- und Pflegeeinrichtungen überdurchschnittlich viele männliche Fachkräfte dabei. Nachdem wir für unsere Arbeit 2015 mit dem Schleswig-Holsteinischen Altenpflegepreis ausgezeichnet wurden, sind wir sehr bekannt geworden und haben einen guten Ruf erworben, sodass wir viele Initiativbewerbungen bekommen.

Nun gehört Ihre Einrichtung zur Pflege Diakonie Altholstein, normalerweise müssen die Mitarbeiter einer christlichen Kirche angehören. Wie sind Sie mit diesem Hindernis umgegangen?

Zunächst gab es Diskussionsbedarf. Die Kirchenzugehörigkeitsklausel gibt es bei uns immer noch, aber wir haben den Begriff weiter gefasst und nehmen nun auch Mitarbeitende anderer Glaubensrichtungen, weil es in diesem interkulturellen Arbeitsfeld gar nicht anders möglich wäre, unserem Versorgungsauftrag angemessen zu entsprechen. Wir haben zudem die Erfahrung gemacht, dass die reine Zugehörigkeit zu einer Kirche nichts darüber aussagt, wie religiös ein Mensch ist. Unsere muslimischen Mitarbeitenden bringen oft ein hohes diakonisches Selbstverständnis mit. Anfangs hieß es auch, muslimische Pflegekräfte wollen sicher gar nicht bei der Diakonie arbeiten. Aber das hat sich als falsch herausgestellt.

Wie platzieren Sie Ihr Alleinstellungsmerkmal im Recruiting?

Viel Recruiting müssen wir gar nicht machen, da wir sehr viele Initiativbewerbungen bekommen und keine Personalsorgen haben. Wer sich bei uns bewirbt, weiß, worauf er sich einlässt. Im Bewerbungsgespräch ist unser interkulturelles Konzept eines der ersten Themen, die ich anspreche. Eigentlich mussten wir erst einmal eine Stellenanzeige schalten, als wir eine Teamleitung für die Tagespflege gesucht haben. Da haben wir in die Anzeige reingeschrieben, dass Interesse an multikultureller Zusammenarbeit Voraussetzung ist.

Verlassen Sie sich hauptsächlich auf das Multi-Kulti-Konzept als Überzeugungsargument oder bieten Sie darüber hinaus noch andere Vorteile für Ihre Mitarbeiter?

Man muss heutzutage einfach für gute Arbeitsbedingungen sorgen. Wir haben flexible Arbeitszeiten – insbesondere die „Mutti-Tour" von acht bis zwölf Uhr ist sehr beliebt gerade bei alleinerziehenden Frauen. Eine große Rolle spielt auch die Persönlichkeit des Vorgesetzten. Ich habe es immer gehasst, wenn mein Chef kein offenes Ohr für mich hatte, und habe mir vorgenommen, es anders zu machen. Ich erwarte von meinen Mitarbeitern Toleranz und Vertrauen, dann muss ich das auch vorleben! Wenn mir jemand sagt: „Ich brauche wegen einer wichtigen privaten Angelegenheit unbedingt am Wochenende frei", dann hake ich nicht nach, sondern gebe frei und Kollegen springen ein. Dafür weiß ich aber auch, dass der Mitarbeiter sich nächstes Mal, wenn ich sage: „Ich brauche jemanden, der am Wochenende arbeitet", freiwillig melden wird. Das macht dieses Team aus: Eine Hand wäscht die andere.

Was zeichnet die Mitarbeiter Ihrer Einrichtung aus?

Es geht nicht nur um die Sprache. Unsere Mitarbeiter brauchen kulturelles Hintergrundwissen: dass man bei einem türkischen Klienten zu Hause die Schuhe auszieht. Dass man vielleicht erstmal einen Tee trinkt, bevor man mit der Pflege beginnt. Dass es normal ist, wenn die ganze Großfamilie im Raum ist und sich mit um den Opa kümmern will. Wir investieren viel in interkulturelle Schulungen, auch für unsere Führungskräfte. Ein typisches Beispiel aus unserer Demenzwohngruppe: Ein türkischer Bewohner nimmt sich beim Mittagessen eine Bratwurst, weil er vergessen hat, dass er kein Schweinefleisch essen darf. Da fragen unsere Betreuungskräfte: „Sollen wir ihm die Wurst wegnehmen oder sollen wir ihm seine Selbstständigkeit lassen?" Im Rahmen der Biografiearbeit mit den Angehörigen haben wir besprochen, dass der Mann sein Leben lang kein Schweinefleisch gegessen hat und darum auch jetzt keins essen soll. Das Interesse und die Neugier, sich mit solchen Situationen auseinanderzusetzen, ist eine Grundvoraussetzung.

Haben Sie einen Tipp für Personaler in Sozial- und Pflegeeinrichtungen, die Personalsorgen haben?

Seien Sie offen, mutig und seien Sie bereit zu investieren, zum Beispiel auch bei langzeitarbeitslosen oder älteren Bewerbern! Ich habe kürzlich drei Langzeitarbeitslose eingestellt. Einer war gelernter Florist, hat jahrelang nur Absagen bekommen, ihm fehlte jede Motivation. Als das Arbeitsamt ihm eine Neuorientierung in Richtung Betreuung vorschlug, konnte er sich erst nicht vorstellen, mit Demenzkranken zu arbeiten. Ich habe ihn als Praktikanten eingestellt, ihm danach seine Qualifikation bezahlt. Und nun haben wir einen weiteren hoch motivierten Mitarbeiter!

Für mich ist das Wichtigste nicht die Qualifikation eines Bewerbers, sondern ob er von der Einstellung her in unsere Einrichtung passt. Wenn ich so jemanden finde, mache ich vieles möglich und finde individuelle Lösungen, um ihn zu halten. Wenn wir gerade keine freie Stelle im Gustav-Schatz-Hof haben, bieten wir dem Bewerber übergangsweise eine Stelle an einem anderen Standort an mit der Zusage, eine Versetzung sobald wie möglich durchzuziehen. Wenn jemand sich weiterentwickeln möchte, prüfen wir gemeinsam, welche Möglichkeiten es gibt.

3

Ein wichtiges Erfolgskriterium für die Rekrutierung von Fachkräften aus dem Ausland, von Geflüchteten oder speziell Menschen mit Migrationshintergrund als Fachkräfte ist es, nicht einfach irgendwelche Leute über Kleinanzeigen oder dubiose Vermittler in die Einrichtung zu holen, sondern das Ganze sorgfältig zu konzipieren und als handfestes Programm aufzuziehen – selbst wenn Sie nur wenige Plätze pro Jahr vergeben können.

Es geht nicht darum, ausländische Fachkräfte auf Stellen zu verheizen, die sonst keiner haben will, denn so etwas spricht sich herum und über kurz oder lang werden Sie auch aus dieser Zielgruppe keine Bewerbungen mehr erhalten. Stattdessen sollten Sie nach dem Vorbild des Gustav-Schatz-Hofes die Chancen sehen, die ein voller Überzeugung gelebtes Multi-Kulti-Konzept bietet.

Es geht auch nicht darum, einen möglichst hohen Durchlauf an ausländischen Fachkräften in der Einrichtung zu haben, sondern sich bei jeder einzelnen darum kümmern zu können, dass sie sich wohlfühlt, gut integriert und lange bleibt. Dazu brauchen Sie einen seriösen Kooperationspartner im Ausland für die Kontaktaufnahme mit den potentiellen Bewerbern. Notwendig sind zudem Hintergrundwissen und Ressourcen, um bei der Anerkennung der ausländischen Schul- oder Ausbildungsabschlüsse helfen zu können. Auch ein Problembewusstsein und vorausschauende Lösungswege wie Deutschkurse, Teambuilding-Maßnahmen oder Nachqualifizierungen für mögliche Schwierigkeiten, die im Arbeitsalltag auftreten können, sind vonnöten.

Als Kanäle zur Anwerbung wurden im Krankenhaus Barometer 2015 Personalvermittlungen oder Personalagenturen, Kooperationspartner im Ausland wie Kommunen oder Pflegekammern und Organisationen wie die Landeskrankenhausgesellschaften oder die Bundesagentur für Arbeit genannt.

3 Dem Vorurteil, dass ausländische Pflegekräfte vor allem ungelernte Hilfskräfte seien, stehen Zahlen aus dem Krankenhaus Baromenter 2015 gegenüber: dass 60 Prozent von ihnen einen Ausbildungsabschluss in der Pflege haben und weitere 15 Prozent sich gerade in der Pflegeausbildung befinden. Nur weniger als 10 Prozent der Krankenhäuser, die ausländische Pflegekräfte beschäftigen, beobachten Probleme in der Interaktion dieser neuen Mitarbeiter mit den Patienten.

Folgendes Fazit zieht die Bertelsmann-Studie „Internationale Fachkräfterekrutierung in der deutschen Pflegebranche":

> „Natürlich ist internationales Recruiting von Pflegefachkräften nur ein Teil der Lösung. Mehr qualifizierte Einwanderung entbindet die Pflegebetriebe nicht davon, die hausgemachten Probleme der Branche anzugehen [...] Angesichts der demographischen Entwicklung mit höherem Pflegebedarf und geringerem Angebot an Arbeitskräften ist jedoch die gezielte Gewinnung von Fachkräften aus dem Ausland unverzichtbar."

Zeitgemäße Karrierewebseiten

4

Ausgangsbasis für erfolgreiches Recruiting

Neunzig Prozent aller Bewerber informieren sich laut der „Social Media Personalmarketing Studie 2016" auf der Karrierewebseite beziehungsweise in der Karriererubrik auf der Unternehmenswebseite über einen Arbeitgeber. Karrierewebseiten sind demnach die meistgenutzte Informationsquelle, noch vor Online-Jobbörsen (71 Prozent), den Beschäftigten des Unternehmens (45 Prozent), Karrierenetzwerken (36 Prozent) und Facebook (31 Prozent). Sie sind die Ausgangsbasis für all Ihre Aktivitäten in den sozialen Netzwerken, für Stellenanzeigen, die Sie über verschiedene Kanäle ausspielen, oder für die Direktansprache in Lebenslaufdatenbanken oder auf Messen.

4 Und was erwartet der Bewerber, in Ihrer Karriererubrik zu finden? Da gehen die Vorstellungen auseinander. Viele Personaler oder Einrichtungsleiter aus dem Sozial- und Gesundheitswesen, die in meine Seminare kommen, meinen, Infos zur Geschichte ihrer Einrichtung und eine Vorstellung der Arbeitsfelder, in denen man tätig ist, seien aussagekräftig genug. Doch selbst wenn Ihnen ganz persönlich das vor Jahren, als Sie bei Ihrem derzeitigen Arbeitgeber anfingen, ausgereicht hat – heutzutage sind Bewerber etwas anderes gewohnt. Abgesehen davon, dass sie erwarten, dass Ihre Karrierewebseite auch auf mobilen Endgeräten wie Smartphones oder Tablets gut aussieht und gut zu bedienen ist (das bedeutet, sie sollte „responsive" programmiert sein), möchten sie wissen:

- Wie fühlt es sich an, in Ihrer Einrichtung zu arbeiten?

- Welchen neuen Kollegen werde ich dort begegnen?

- Welche Gegebenheiten, die mich bei meinem alten Arbeitgeber stören, würden sich bei diesem neuen Arbeitgeber ändern?

- Wie kann ich mich in dieser Einrichtung beruflich weiterentwickeln?

Kurz: Sie erwarten eine Karriererubrik auf der Unternehmenswebseite, die aus weit mehr als nur den aktuellen Stellenausschreibungen besteht.

Gerade der Nachwuchs, der in der Berufsorientierung noch zwischen „was mit Menschen" und „was mit Medien/Technik/

Sprachen" schwankt, bekommt in anderen Branchen bunte, multimediale, interaktive Webseiten oder Rubriken vorgesetzt, auf denen er sich spielerisch durch die Welt der Berufe bewegen kann. Aber auch Fach- und Führungskräfte werden auf Unternehmenswebseiten direkt angesprochen und mit den Informationen versorgt, die sie für die Gestaltung ihrer Karriere brauchen.

Damit aus einem Nutzer ein Bewerber wird, ist es zwingend notwendig, dass er

- auf Ihrer Webseite eine angenehme Erfahrung macht,

- sich darauf nicht verirrt,

- Antworten auf seine Fragen findet,

- sich gut unterhalten fühlt und im besten Fall einen Überraschungseffekt erlebt, weil Ihre Webseite zeigt, dass Sie sich auf irgendeine Art und Weise von der Konkurrenz abheben.

4

Vier Wege führen aus der Unübersichtlichkeit und Nutzerunfreundlichkeit hinaus und erhöhen die Chance, dass der Nutzer Ihre Webseite mit dem Gefühl verlässt, dass er seine Bewerbung beruhigt abschicken kann:

Die Website abspecken

Allerlei Zeug sammelt sich über die Jahre auf Unternehmenswebseiten an, das lässt sich gar nicht vermeiden. Der einzige Weg zu verhindern, dass sich der Nutzer dort verirrt, ist, hin und wieder rigoros auszumisten. Denn öffentliche Webseiten sind keine Archive, sondern Kommunikationskanäle.

„So viel wie nötig, so wenig wie möglich", lautet der Leitsatz, den wir im Hinterkopf haben sollten, wenn wir unsere Internetpräsenzen befüllen. Bei jedem Inhalt, der online ist, gilt es zu fragen oder noch besser in der Klickstatistik zu prüfen: Gibt es wirklich (noch) jemanden, den das interessiert?

Beispiel:

Bringt es etwas, unter dem kryptischen Titel „Flyer Personal" die PDF-Version einer Broschüre anzubieten, die Sie norma-

> lerweise auf Messen verteilen? Lädt das überhaupt irgend-
> jemand je herunter?

Vergessen Sie niemals den Nutzer, der zum allerersten Mal auf der Webseite landet und sich dort schnell zurechtfinden möchte. Den Nutzer, der noch nie von Ihrer Einrichtung gehört hat. Den Bewerber, der im Zweifelsfall ein einziges Mal für wenige Sekunden auf Ihrer Internetpräsenz vorbeischaut, um zu prüfen, ob Sie als Arbeitgeber interessant sind.

Das Thema Karriere deutlicher hervorheben

4 Internetnutzer sind nicht alle gleich. Es gibt verschiedene Gewohnheitstypen, die Informationen auf einer Webseite auf unterschiedliche Weise suchen.

Nutzertyp 1 – der Eilige

Er hat keine Lust oder Zeit, sich durch die Seite zu klicken, und steuert direkt die durch eine Lupe gekennzeichnete Suchfunktion an, die meist im Kopfbereich der Seite zu finden ist.

Um Nutzertyp 1 zu befriedigen, sorgen Sie dafür, dass es überhaupt erstmal eine Suchfunktion auf Ihrer Webseite gibt. Prüfen Sie, ob relevante und gewünschte Suchergebnisse angezeigt werden, wenn Sie Schlagworte wie „Karriere", „Mitarbeit", „Pflegefachkraft", „Stellen", „Stellenbörse", „Jobs", „Stellenangebote", „Bewerbung" oder „Mitarbeit" eingeben.

Vergewissern Sie sich, dass nicht nur die naheliegenden Schlagworte zum Sucherfolg führen, sondern auch Synonyme oder Schlagworte, die Tippfehler enthalten. Sie glauben gar nicht, wie häufig Suchfunktionen auf Webseiten schlecht programmiert sind und statt der Stellenbörse irgendeine alte Pressemeldung angezeigt wird, in der ein längst nicht mehr für das Unternehmen tätiger Mitarbeiter am Rande eines ganz anderen Themas das Wort „Karriere" erwähnt hat. In solchen Fällen müssen Programmierer die Suche verbessern.

Nutzertyp 2 – der Logiker

Er ist der strukturierte Typ. Er lässt sich nicht von bunten Bildchen oder Videoclips ablenken, sondern klickt sich durch das Menü zum Ziel. Er erwartet einen leicht nachvollziehbaren Seitenaufbau.

Sorgen Sie dafür, dass Nutzertyp 2 über das Menü mit wenigen Klicks und in logischen Schritten in den Karrierebereich gelangt. Bestenfalls ist diese Rubrik gleich in der obersten Menüebene im Hauptmenü angesiedelt und nicht in den Untiefen des „Über uns"-Bereichs versteckt oder erst am unteren Ende der Webseite ansteuerbar. Häufig findet sich der Menüpunkt „Karriere" auch am obersten Rand der Website in grauer Miniaturschrift neben dem Schnellzugang „Presse". Auch wenn er dort recht gut gefunden wird, signalisieren Sie damit auf einer psychologischen Ebene, dass Ihnen Bewerber nicht wirklich wichtig sind. Nicht wichtig genug jedenfalls, um im gut sichtbaren Hauptbereich der Webseite freundlich willkommen geheißen zu werden. Und das ist ein Eindruck, den Sie nicht erwecken wollen.

4

Wichtig ist zudem, dass der Menüpunkt, den Ihre Bewerber ansteuern sollen, eindeutig benannt ist. Im allerbesten Fall heißt er tatsächlich „Karriere" oder „Bewerben" und nicht „Mitarbeit", „Arbeiten" oder „Personal". Im Sozial- und Pflegebereich erlebe ich eine große Skepsis gegen die Verwendung des Begriffs „Karriere" – auf Webseiten, in Stellenanzeigen oder in Vorstellungsgesprächen. Er scheint zu hoch gegriffen, klingt in den Ohren mancher Verantwortlicher auch unpassend für eine Fachkraft, die in der Betreuung pflegebedürftiger Menschen ihren Lebenssinn finden soll und nicht in der Jagd nach Macht, Reichtum und Statussymbolen. Und trotzdem – auch im Sozial- und Pflegebereich dürfen und sollten wir von „Karriere" sprechen. Es ist nun einmal der Begriff, der sich für die entsprechende Rubrik auf Internetseiten etabliert hat – und Nutzer fühlen sich dort wohl, wo sie sich auskennen.

Infobox: Der Begriff „Karriere"

„Karriere" wird je nach Quelle unterschiedlich definiert. Laut Duden bedeutet der Begriff „erfolgreicher Aufstieg im Beruf". Demnach hat auch ein einstiger Pflegehelfer, der nun die Ausbildung zur Fachkraft erfolgreich abgeschlossen hat, Karriere gemacht. Denn ist nicht auch er erfolgreich aufgestiegen? Laut Wikipedia bedeutet „Karriere" nicht mehr und nicht weniger als „die persönliche Laufbahn eines Menschen in seinem Berufsleben". Demnach könnte man sogar einen beruflichen Slalomlauf von Nebenjob zu Nebenjob als solche bezeichnen, auf jeden Fall aber einen für die Pflege klassischen Werdegang vom Altenpflegehelfer über den Altenpfleger bis zum Team-, Stations- oder Pflegedienstleiter.

Schließlich gibt es noch den Begriff der „horizontalen Karriere". Auf die Pflege heruntergebrochen bedeutet er, dass eine Fachkraft zwar nicht Richtung Einrichtungsmanagement aufsteigt, sich aber durch Fortbildungen für bestimmte Pflegebereiche spezialisiert oder durch Arbeitsplatzwechsel von der ambulanten in die stationäre Pflege, von der Intensivstation auf die Geriatrie oder vom Patienten in die Verwaltung im Laufe ihres Berufslebens in verschiedenen Arbeitsfeldern ausprobiert. Horizontale Karrieren sind im Bereich Pflege und Soziales absolut keine Seltenheit.

Der Begriff „Karriere" ist also auch in unserer Branche definitiv angemessen. Dazu kommt, dass es zur Aufwertung des Images der Sozial- und Pflegeberufe beiträgt, wenn wir selbstbewusst betonen, dass das Vorurteil „Einmal Altenpfleger, immer Altenpfleger" nicht stimmt. Dass wir in unseren Reihen genug Beispiele von Mitarbeitern benennen können, die früher am Bett gearbeitet haben und inzwischen Pflegewissenschaftler, Einrichtungsleiter oder Ausbilder für Pflegekräfte oder Sozialpädagogen sind – also eine „Karriere" hingelegt haben, die nach jeder Definition als solche bezeichnet werden kann. Dass unsere Branche auch für Menschen, denen bei aller Berufung auch der persönliche Erfolg wichtig ist, interessant sein kann.

Nutzertyp 3 – der Visuelle

Dieser Nutzertyp ist eher verspielt veranlagt, lässt sich durch die Inhaltsbereiche der Webseite treiben und klickt, wo es ihm spannend erscheint, weil ein interessantes Bild, eine gut getextete Überschrift oder ein Videoabspielknopf viel versprechend wirken. Irgendwann möchte natürlich auch er dort landen, wo er hin wollte – in unserem Fall in der Karriererubrik.

Seine Bedürfnisse werden auf den allerwenigsten Webseiten im Bereich Pflege und Soziales befriedigt. Sorgen Sie dafür, dass er zumindest im Hauptinhaltsbereich auf der Startseite eine aufmerksamkeitsstark platzierte und bestückte Box findet, aus der ihm ein freundlicher zukünftiger Kollege entgegenblickt, und in der ihn zwei Sätze zu den Vorteilen, die Mitarbeiter in Ihrer Einrichtung haben, neugierig auf mehr machen. Per Klick sollte er dann in eine ausführliche Karriererubrik gelangen.

Mit dieser Methode holen Sie im Übrigen nicht nur Nutzertyp 3 ab, sondern auch die „Passive Talents", also Menschen, die gar nicht aktiv auf Stellensuche sind, sondern auf Ihrer Webseite vielleicht einen Kindergartenplatz für ihr Nesthäkchen oder einen ambulanten Pflegedienst für die Oma suchen. Vielleicht sind sie ja gleichzeitig Erzieher oder Pflegekräfte und latent unzufrieden bei ihren aktuellen Arbeitgebern.

4

Je überzeugender und prominenter die Karriererubrik auf Ihrer Webseite zu finden ist, desto größer die Chance, dass auch solche Kandidaten darüber stolpern.

Das Thema Karriere ausgliedern

Trotz drängendem Fachkräftemangel ist es häufig schwierig, die Geschäftsführung davon zu überzeugen, wie wichtig die Internetpräsenz für die Personalgewinnung ist. In kleineren Sozial- und Pflegeeinrichtungen gibt es auch meist niemanden, der sich Vollzeit darum kümmern kann oder eine Ausbildung/ein Studium im Bereich Kommunikation mitbringt. Bei größeren Trägern möchten zu viele Personen bei der Gestaltung der Webseite mitbestimmen, wodurch es schwierig wird, Änderungen so zügig umzusetzen wie es notwendig wäre. Und das Geld für solche Projekte fehlt grundsätzlich überall.

Der Trend geht darum dahin, das Thema Karriere aus der Unternehmenswebseite auszugliedern. Denn in sich abgeschlossene

Einheiten wie so genannte Microsites, Onepager oder Karriere-blogs (Definition siehe unten) lassen sich kostengünstiger und weniger umständlich umsetzen und haben darüber hinaus einige weitere Vorteile:

- Ihre Bewerber haben eine überschaubare digitale Heimat, in der sie sich schneller zurechtfinden als innerhalb einer komplexen Unternehmenswebseite.

- Es gibt eine hübsche, aussagekräftige Internetadresse (URL), zum Beispiel pflegetalente.com, 50pflegestellen.ch oder was-mitmenschen.org, die Sie auf Flyer drucken oder in Stellenanzeigen nennen können und die sich dem Bewerber schnell einprägt.

- Auch gewinnt das bislang stiefmütterlich behandelte Thema Personalgewinnung unternehmensintern an Bedeutung, wenn es dafür plötzlich eine ganz eigene Internetpräsenz gibt.

4

Die Microsite und der Onepager

Abbildung 8: Einstieg in die Karriere-Microsite der Hephata Diakonie (www.hephata.de/mischenpossible); Inhalt, Konzept und Gestaltung: Hephata Diakonie und Agentur Kerygma, Köln

Abbildung 9: Einstieg in die Karriere-Microsite der Diakonie Hamburg: www.pflege-jobs.hamburg, @Diakonie hamburg

4

Wirtschaftsriesen wie die Deutsche Bahn oder die Lufthansa stehen vor der Herausforderung, dass sie im Internet verschiedene Zielgruppen mit völlig verschiedenen Bedürfnissen bedienen müssen. Wenn sie das auf einer einzigen Webseite täten, würde die Webseite vor lauter Inhalten und Funktionen platzen und niemand fände sich mehr zurecht. Die Lösung dieses Dilemmas sieht so aus, dass die Konzerne die Angebote auseinander sortieren und für jede Zielgruppe eine eigene Webseite – oder zumindest eine völlig eigene, in sich geschlossene Online-Einheit innerhalb der Webseite – anbieten:

- ein so genanntes Corporate Portal, in dem sich u.a. Journalisten über Geschichte, Strategie und Betätigungsfeld des Unternehmens informieren können

- ein Kundenportal, in dem Produkte oder Dienstleistungen wie Bahn- oder Flugtickets verkauft werden

- ein Karriereportal, in dem Bewerber das Unternehmen als Arbeitgeber kennenlernen

Auch Einrichtungen aus dem Bereich Pflege und Soziales haben verschiedene Zielgruppen zu bedienen: Zum einen Journalisten, die über den Pflegenotstand berichten, zum anderen Patienten

oder Klienten und deren Angehörige, die sich über Beratungs-
oder Betreuungsangebote informieren möchten, und drittens Bewerber, die erfahren wollen, wie es ist, in Ihrem Pflegeheim oder
Ihrer Beratungsstelle zu arbeiten. Auch für kleinere Einrichtungen
ist es oft der einfachste Weg, dem Vorbild der Großen zu folgen
und den Bewerbern ein ganz eigenes Onlineangebot zu widmen.
Das ist weniger aufwändig als es sich anhört.

Infobox: Microsite und Onepager im Personalmarketing

Eine Microsite ist eine kleine Webseite mit wenigen Untersei-
ten und wenigen Klickebenen. Sie gehört zu einem größeren
Internetauftritt, ist aber in sich abgeschlossen. Das äußert
sich dadurch, dass sie sich mit nur einem konkreten Thema
wie Bewerbung und Karriere befasst und von der Gestaltung
her ganz anders aussieht als der Rest des Auftritts.

Ein Onepager ist eine kleine Webseite, die völlig ohne Unter-
seiten auskommt und auch ganz für sich alleine funktioniert.
Alles, was der Anbieter zum Thema Bewerbung und Karriere
zu sagen hat, ist direkt auf einer einzigen Seite hinterlegt.
Multimediale Inhalte wie Videos oder Fotogalerien können
gleich dort aktiviert werden. Häufig wird mit einer „Slider-
funktion" gearbeitet, um zum Beispiel „Drei Schritte der
Bewerbung" oder „Vier gute Argumente für uns als Arbeitgeber" zu präsentieren. Das heißt, der Nutzer wischt/klickt
den folienartig aufbereiteten Inhalt zur Seite, um die dahinter liegende Folie zu sehen.

Hier können Sie sich einige gut gemachte Beispiele anschauen:

- Polizei: http://verdaechtig-gute-jobs.de
- Behindertenhilfe: www.hephata.de/mischenpossible
- Sparkasse: www.sparkasse.de/spannend
- Pflege: www.pflege-jobs.hamburg, www.pflegetalente.com,
  www.50pflegestellen.ch

4

Abbildung 10: Teil 1 des Onepagers www.pflegetalente.com der Diakonie Gütersloh. Im ersten Bild kommen zwei Frauen mit Statements zu Wort, wenn man sie anklickt. Im zweiten Bild werden über drei Bühnen die Vorteile des Unternehmens dargestellt (zu erreichen über Klicken auf die Pfeile); © Diakonie Gütersloh

4

Abbildung 11: Teil 2 des Onepagers www.pflegetalente.com der Diakonie Gütersloh. Oben werden die freien Stellen beschrieben, wieder mit einer Bühne zum Klicken, unten wird die Diakonie als Arbeitgeber vorgestellt, die blauen Blasen werden mit Informationen gefüllt, wenn man diese ansteuert. Den Abschluss des Onepagers (hier ohne Bild) bilden dann noch Angaben zum Ansprechpartner, inklusive Kontaktdaten, Verlinkung auf soziale Netzwerke und zu Google Maps. © Diakonie Gütersloh

Der Karriere-Blog

Während ein Onepager oder eine Microsite vom Profi designt und programmiert werden muss, gibt es noch eine andere Alternative, um das Thema Bewerbung und Karriere aus Ihrer Haupt-Webseite auszugliedern: den Karriere-Blog.

Dieser hat einen entscheidenden Vorteil: Sie können ihn mit kostenlosen Blogging-Programmen wie wordpress.com, blogger.com oder tumblr.com selbst einrichten. Das ist wirklich auch für Unerfahrene kein Problem – die Programme sind selbsterklärend und werden von Laien jeden Alters genutzt, um über ihre Hobbies zu schreiben. Aber eben auch von Unternehmen, die Kampagnen-Blogs, Krisen-Blogs oder Karriere-Blogs betreiben (der Sammelbegriff für solche Unternehmensblogs lautet Corporate Blogs).

Charakteristisch für Blogs ist, dass sie – im Gegensatz zur Unternehmenswebseite – nicht perfekt sein müssen. Hier kann auch der Azubi persönliche Beiträge schreiben, ohne dass es komisch wirkt, hier können unbesorgt neue Inhaltsformen ausprobiert werden, die auf der Unternehmenswebseite gleich eine Baustellenatmosphäre verbreiten würden.

4

Beispiele für Karriereblogs sehen Sie hier:

- Reiseanbieter: thomascook.de/karriere-blog
- Krankenkasse: karriereblog.tk.de
- Pflege & Soziales: blog.soziale-berufe.com
- Bekleidung: karriereblog.peek-cloppenburg.de

Abbildung 12: Karriereblog der Kampagne „SOZIALE BERUFE kann nicht jeder", © Diakonie Deutschland

Dem Thema Karriere eine ausführliche Inhaltsrubrik widmen

Ganz gleich ob Sie sich entscheiden, das Thema Bewerbung und Karriere in Zukunft in einer Karriererubrik auf Ihrer Unternehmenswebseite darzustellen, auf einer Microsite, einem Onepager oder einem Karriere-Blog: Wichtig ist, dass Ihre potentiellen Bewerber dort mehr und spannender aufbereitete Informationen und Bewerbungsanreize finden als dies bei vielen Arbeitgebern im Bereich Pflege und Soziales aktuell der Fall ist.

„Recruitainment" lautet das Motto – gemeint sind damit unterhaltsame Inhalte zu Berufsorientierungs- und Karrierethemen, die nicht nur informieren, sondern Spaß machen.

Im Folgenden finden Sie Ideen für Inhalte, mit denen Sie Ihren Karrierebereich füllen können:

Zugänge für die verschiedenen Zielgruppen

Der Nachwuchs, Fachkräfte, Führungskräfte und Quereinsteiger sind die vier Hauptzielgruppen Ihrer Recruitingbemühungen. Jede Zielgruppe möchte sich in Ihrer Karriererubrik angesprochen fühlen und eine eigene „Ecke" vorfinden, in der ihre ganz konkreten Fragen beantwortet werden.

FAQs – Häufig gestellte Fragen

Internetnutzer sind auf gewisse Weise faul. Sie möchten nicht suchen. Selbst wenn Sie alle Fragen, die Ihnen Bewerber regelmäßig bei Berufsmessen, am Telefon, im Vorstellungsgespräch oder per E-Mail stellen, schon an anderen Stellen beantwortet haben, schadet es nicht, eine FAQ-Liste mit den zehn am häufigsten gestellten Fragen zusammenzustellen und sie dort noch einmal gesammelt zu beantworten.

4

Bewerbungstipps

Bewerbungsratgeber gibt es mehr als genug, allgemein gehaltene Bewerbungstipps wie „Bitte keine Kaffeeflecken auf dem Anschreiben" auch. Was den Bewerber aber darüber hinaus interessiert, sind ganz konkrete, individuelle Bewerbungstipps, die vielleicht sogar nur für Ihre Einrichtung gelten. Lassen Sie Ihre Personaler offen und ehrlich erzählen, worauf sie achten, nennen Sie die Entscheidungskriterien Ihrer Personalabteilung. Das wird dazu führen, dass Sie passgenauere Bewerbungen bekommen und Ihre Bewerber besser vorbereitet sind.

Entscheidungshilfen

Wie wir weiter vorne schon gelernt haben, sind die Bewerber von heute häufig unentschlossen. Es fällt ihnen schwer, sich für einen Beruf, einen Arbeitgeber oder eine Fortbildung zu entscheiden, einen Quer- oder Wiedereinstieg zu wagen oder für eine neue Arbeitsstelle in eine andere Stadt zu ziehen. So wird ein Vorstellungsgespräch schnell einmal zur Lebensberatung oder zum Coaching. Wenn Sie nun in Ihrem Karrierebereich Selbsttests, „Pro und Contra"-Listen oder andere Entscheidungshilfen anbieten, mit denen Sie dem Bewerber sein Dilemma erleichtern können, wird er es Ihnen danken.

Karrierefilm, multimediale Inhalte

In jeden Karrierebereich gehört Filmmaterial, denn das Medium Video macht wie kein anderes einen echten Blick hinter die Kulissen möglich. Der Klassiker für Arbeitgeber ist der Employer Branding-Film, der einen ganz anderen Ansatz verfolgt als ein klassischer Imagefilm. Er sollte sehr prominent eingebunden werden. Viel zu häufig verstecken sich Videos in den hintersten Winkeln von Onlinepräsenzen.

Als multimediale Inhalte können auch Audio-Interviews eingesetzt werden (aufgezeichnet und online gestellt zum Beispiel mit der App soundcloud.com). Sie sind mit Ihren Mitarbeitern schneller gemacht als Videos. Auch kurze Fotogalerien zum Durchklicken machen jedem Nutzer Spaß.

Je bunter und unterhaltsamer Ihr Karrierebereich aussieht, desto eher wird der Bewerber dort verweilen und sich zu einer Bewerbung entschließen.

Mitarbeitervorstellungen

Viele Menschen haben bei vorherigen Arbeitgebern schlechte Erfahrungen mit mobbenden oder konkurrierenden Kollegen, Chefs ohne Führungskompetenzen oder einer stressigen Arbeitsatmosphäre gemacht. Eines der wichtigsten Argumente für einen Arbeitgeberwechsel wäre für sie das Versprechen, dass bei ihrem zukünftigen Arbeitgeber ein netteres Team wartet. Damit es nicht nur ein leeres Versprechen bleibt, sind Fotos und kurze Steckbriefe Ihrer Mitarbeiter ratsam.

Negativbeispiel:

So nicht: Gestelzte Mitarbeitervorstellung auf der Webseite einer Versicherung

„An meinem Beruf reizt mich vor allem das Arbeiten im Spannungsfeld der verschiedenen Interessensgruppen – der Mitarbeitenden, der Führungskräfte, des Betriebsrats und der

Geschäftsleitung. Die durchaus unterschiedlichen Interessen aller – unter Berücksichtigung der Unternehmens- und Personalstrategie – auf einen gemeinsamen Nenner zu bringen, ist eine spannende Aufgabe."

Positivbeispiel:

Besser so: Authentische Mitarbeitervorstellung auf der Webseite der Vorwerker Diakonie

„Von einer Klassenkameradin, die hier ihre Ausbildung gemacht hat, hatte ich immer wieder Gutes gehört. Also habe ich mich beworben, bin unheimlich gut aufgenommen und nach einem festen Plan eingearbeitet worden. Die Dienstplanung ist hier mitarbeiterfreundlicher. Statt einer 6-Tage-Woche wie in vielen Einrichtungen üblich haben wir eine 5-Tage-Woche. Wenn ich dann mal für eine kranke Kollegin einspringen muss, ist das nicht so schlimm. Übrigens habe ich bei meinem vorherigen Arbeitgeber 30 Prozent weniger verdient."

4

Alleinstellungsmerkmale

Was ist das Besondere daran, in Ihrer Einrichtung zu arbeiten? Welche Vorteile bieten Sie Ihren Mitarbeitern?

Die Ecke, in der Sie diese Fragen beantworten, ist das Herzstück Ihres Karrierebereichs. Hier ist es ungemein wichtig, dass Sie nicht nur mit altbekannten Floskeln arbeiten, sondern Ihre Alleinstellungsmerkmale anschaulich darstellen und mit Beispielen belegen.

Der Satz „Wir bieten ein umfangreiches Gesundheitsmanagement" bleibt so lange eine leere Worthülse, bis Sie Fotos vom Mitarbeiter-Yogakurs oder ein Interview mit den Organisatoren des geplanten Gesundheitstags daneben veröffentlichen.

Lassen Sie sich bei der Überarbeitung Ihrer Karrierewebseite nicht von den Hochglanz-Seiten mancher großer Wirtschaftsunternehmen blenden. Die wirken zwar auf den ersten Blick beeindruckend, aber strotzen trotzdem nur so vor Floskeln: „individuelle Weiterbildungsmaßnahmen", „leistungsgerechte Vergütung",

„flexible Arbeitszeitmodelle", „spannendes Aufgabengebiet", „sympathisches Team" – der Bewerber nimmt die leeren Versprechen, die in solchen Schlagwortlisten angerissen werden, nicht einmal mehr wahr.

Aber wie wird es besser? Nun, Sie bieten in der ambulanten Pflege flexible Arbeitszeitmodelle – dann lassen Sie eine junge Mutter aus ihrer Mitarbeiterschaft berichten, wie super sie es findet, dass sie ihr Kind zwischen zwei Hausbesuchen in der Kita abholen und zur Oma bringen darf! Sie sind stolz auf ihr harmonisches Team – dann stellen Sie die Mitarbeiter mit Foto, Hobbies, Lebensmotto und kleinem Steckbrief vor! Sie vergüten besser als die Konkurrenz – dann nennen Sie konkrete Zahlen! Sie halten sich für einen modernen Arbeitgeber, der die Bedürfnisse seiner Bewerber in Sachen Work-Life-Balance kennt und ernst nimmt – dann zeigen Sie das, indem Sie Plattformen wie die Jobbörse tandemploy.com nutzen, auf der Arbeitgeber freie Stellen anbieten, die sich zwei Mitarbeiter teilen können („Jobsharing").

4

Tipps zum Standort

Auch wenn die meisten Bewerber aus der Region kommen, ist es immer möglich, dass sich Pflegekräfte oder Erzieher für Sie als Arbeitgeber interessieren, die aus privaten Gründen aus einer ganz anderen Ecke Deutschlands in Ihre Stadt ziehen.

Für solche Bewerber ist es sinnvoll, im Karrierebereich Ausflugstipps, Informationen zu Schulen und Kindertagesstätten oder Kontaktdaten wichtiger Ämter bereitzuhalten. Gerade bei vermeintlich unattraktiven Standorten in der Provinz bietet es sich an, dem Bewerber die Vorteile des Standorts schmackhaft zu machen.

Ansprechpartner und Kontaktmöglichkeiten

Nicht zuletzt ist es wichtig, einen Ansprechpartner mit Bild und Kontaktdaten zu nennen, gerne mit WhatsApp-Kontakt statt Faxnummer.

Nutzen Sie bitte keine Kontaktformulare mehr – diese waren vor einigen Jahren der letzte Schrei, werden von den Nutzern aber als distanziert empfunden. Dabei möchten Sie mit der Nennung eines Ansprechpartners ja gerade das Gegenteil signalisieren, nämlich Nähe und persönliche Erreichbarkeit.

Optimal wäre ein Onlinebewerbungsformular. Es ermöglicht dem Interessenten den Bewerbungsimpuls, den Sie durch Ihre Karriere-rubrik ausgelöst haben, sofort umzusetzen.

Gehaltsinformationen

In anderen Ländern ist es Sitte, das zu erwartende Jahresgehalt bereits in der Stellenanzeige zu nennen, während in Deutschland nur hinter verschlossenen Türen über die Vergütung gesprochen wird.

Doch in einer Branche, die für ihre (vermeintlich) schlechte Bezah-lung verrufen ist, ist es fast unmöglich, Mitarbeiter oder Nach-wuchs zu gewinnen, ohne die Karten auf den Tisch zu legen. Der Bewerber möchte wissen: Wie viel werde ich verdienen? **4**

Ein kryptischer Verweis wie „Wir zahlen nach Tarif xy" ist hier nicht ausreichend – viele Menschen fühlen sich von Tariftabellen nur verwirrt. Als Arbeitgeber sollten Sie die Eingruppierung der Stelle und einen Link nennen, hinter dem die Tariftabelle online einsehbar ist, und idealerweise ein beispielhaftes Monatsbrutto-gehalt in konkreten Zahlen offenlegen.

Best Cases – Interview mit der Vorwerker Diakonie zu Gehaltsinformationen

Abbildung 13: Autoaufkleber-Kampagne der Vorwerker Diakonie,
© Vorwerker Diakonie

---

31 gute Bewerbungen für 800 Euro: Vorwerker Diakonie feiert mit Autoaufklebern einen Recruiting-Erfolg

Gehaltsinformationen spielen im Personalmarketing der Vorwerker Diakonie eine große Rolle. Im Karrierebereich ihrer Webseite (http://bit.ly/2d0JKy9) nennt sie drei konkrete Vergütungsbeispiele: das Monatsbruttogehalt für eine Altenpflegefachkraft, einen Erzieher/Heilerzieher und einen Sozialpädagogischen Assistenten mit jeweils einer 39-Stunden-Woche. Der Hinweis, dass die Vergütung von den Aufgaben und der Berufserfahrung des Mitarbeiters abhängt, ist beigefügt.

Den zweiten Platz beim Talente Award 2015 – einem Preis für innovatives Personal- und Ausbildungsmarketing im öffentlichen und im dritten Sektor – belegte die Vorwerker Diakonie für ihre Autoaufkleber-Kampagne, die mutig gegen das Vorurteil der schlechten Bezahlung in den Sozial- und Pflegeberufen anging: Lutz Regenberg, Leiter Kommunikation, Fundraising und Personalentwicklung, ließ die Kleinwagenflotte der ambulanten Pflege mit dem Spruch: „Wären 3.000 Euro in Ordnung?" bekleben.

Herr Regenberg, wie kamen Sie auf die Idee für diese Recruiting-Kampagne?

Ausgangspunkt war die mit den Personalverantwortlichen der Seniorenpflege diskutierte Frage: Welche Alternativen haben wir zur Stellenanzeige in der Regionalzeitung? Denn die kostet uns 800 Euro, damit sie einmalig in der Sonntagsausgabe erscheint. Es kam häufig vor, dass wir auf diese Weise nach Pflegefachkräften gesucht haben und sich niemand beworben hat. Oder nur drei Bewerber mit unzureichender Qualifikation.

Waren die Autoaufkleber dann eine spontane Aktion?

Nein, die hatte einen längeren Vorlauf, denn wir mussten zuerst unseren Internetauftritt überarbeiten. Auf der neuen Website gibt es nun einen eigenen Karrierebereich, in dem es mehr zu sehen gibt als nur nackte Stellenanzeigen. Wir berichten über den Arbeitgeber Vorwerker Diakonie, bringen Mitarbeiterinterviews, machen öffentlich, was man bei uns verdienen kann, und sagen selbstbewusst, dass wir ein guter Arbeitgeber sind. Erst als dieses Fundament gelegt war, haben wir im Team nach Ideen für eine kreative Aktion gesucht.

4

Und wie ging es weiter?

Uns fiel ein, dass unsere 50 VWs der ambulanten Pflege ein guter Werbeträger wären, da sie viel in der Gegend herumkommen. Wir haben uns erkundigt, was das kostet, sie zu bekleben, und tatsächlich lag der Preis für das Bekleben der gesamten Fahrzeugflotte in derselben Höhe wie der für eine einzige Stellenanzeige, nämlich bei 800 Euro. Das war ein Argument, das überzeugte! Man muss dazu sagen, dass eine Beklebung mit Bild mehr gekostet hätte, weshalb wir bei reinem Text blieben. Einfach zu schreiben „Suchen Sie einen neuen Job?" war uns aber zu langweilig, wir wollten offensiv bis provokant sein und kamen auf die Idee, mit dem Thema Vergütung zu spielen. Darüber redet man sonst nicht, es heißt immer nur „Auf's Geld kommt's nicht an, ich mache es für die Menschen". Aber auch Pflegekräfte müssen die Miete bezahlen! Wir haben schließlich die Heckscheiben unserer VWs beklebt mit „Wären 3.000 Euro in Ordnung?". Darunter: „Monatsbruttogehalt einer Pflegefachkraft in Vollzeit mit mind. zweijähriger Berufserfahrung inkl. Zeit-, Feiertags- und Kinderzuschläge, Jahressonderzahlung und zzgl. betrieblicher Alterssicherung". Diese Ausführlichkeit war uns wichtig, um in jedem Fall korrekt zu sein. Außerdem steht auf dem Aufkleber unsere Web-Adresse und ein entsprechender QR-Code führt zu unserer neuen Karrierewebsite.

Welche Konsequenzen hatte die Aktion?

Intern startete eine kleine Debatte um die Vergütung in unserer Einrichtung. Vielen Mitarbeitern wurde erst jetzt klar, dass wir nach einem guten Tarif zahlen. Viele Bewerber sagten, sie hätten sich unter anderem deshalb bei uns beworben, weil es eine Gehaltssteigerung von 20 bis 25 Prozent gegenüber ihren derzeitigen Arbeitgebern bedeuten würde. Insgesamt bekamen wir

31 gute Bewerbungen, die alle Kriterien erfüllten. Vier Bewerber haben wir eingestellt, weitere sechs haben hospitiert. Die Resonanz war damit deutlich höher als bei einer Print-Stellenanzeige. Trotzdem schalten wir weiterhin Print-Stellenanzeigen und bereiten uns darauf vor, unsere Aktivitäten auf Facebook zu erweitern. Ein gesunder Mix muss her.

Warum haben Sie die Autoaufkleber wieder abgemacht, wenn sie so erfolgreich waren?

Als der Winter kam, mussten die Mitarbeiter Eis von den Scheiben kratzen, und zerkratzte Aufkleber hätten nicht mehr schön ausgesehen. Wir werden die Aktion aber wiederholen. Derzeit sind wir im Brainstorming für einen neuen Spruch. Vielleicht nehmen wir: „Hätten Sie gerne einen netten Chef?"

Welchen Tipp möchten Sie Personalern aus anderen Einrichtungen geben?

Seien Sie mutig! Der Zeitpunkt ist gekommen, dass wir das Thema Arbeitgebermarke mit einem ganz anderen Selbstbewusstsein angehen. Es darf natürlich nicht in blindem Aktionismus enden, bei dem nur nach außen kommuniziert wird und die Mitarbeiter im Freundeskreis etwas ganz anderes erzählen als die Werbebotschaften. Intern muss auch das passieren, was nach außen erzählt wird. Man muss die Mitarbeiter mitnehmen, das ist ein komplexer Prozess.

Zeitgemäße Stellenanzeigen

5

Erfolg mit ungewöhnlichen Anzeigen

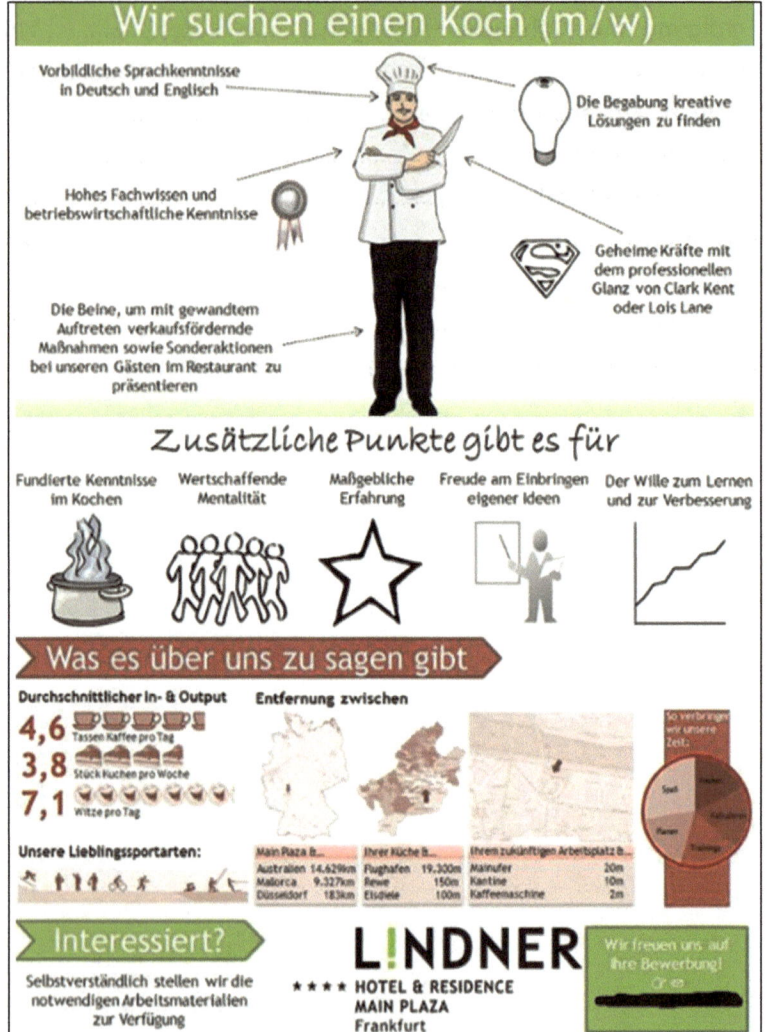

Abbildung 14: Stellenanzeige der Lindner Hotels in der Optik einer Infografik, © Lindner Hotels

Aus unbekannten Gründen sind Stellenanzeigen in der bunten, neuen Recruitingwelt das Format, welches am längsten im Dinosaurier-Urzustand verblieben ist – unsere Branche ist leider das beste Beispiel dafür. Im Bereich Pflege und Soziales wird in vielen Anzeigen immer noch auf Bilder verzichtet, an zeitgemäßes Design ist gar nicht zu denken. Die Vorlagen für die lieblos formulierten Texte werden bei jeder frei werdenden Position wieder aus der Schublade gezogen, geringfügig angepasst und ohne darüber nachzudenken in den Druck gegeben. Größere Änderungen müssten schließlich umständlich abgestimmt werden und dafür fehlt die Zeit, wenn die Schichten im Dienstplan nicht mehr besetzt werden können. Die Stellenanzeige muss raus! Doch das ist eine Milchmädchenrechnung. Was bringen mit der heißen Nadel gestrickte Anzeigen, auf die sich niemand bewirbt? Anderswo tut sich nämlich unterdessen einiges. Großformatige Bilder im Kopfbereich der Stellenanzeigen gehören in vielen Branchen zum Standard. Arbeitgeber sprechen ihre potentiellen Bewerber mit emotionalen Formulierungen direkt und herzlich oder humorvoll an. Auch Stellenanzeigen, die im Stil einer Infografik aufbereitet sind, wurden gesichtet (siehe oben das Beispiel der Lindner Hotels, die einen Koch suchen).

5

Auf karrierejobportal.de, das zu karriereradio.fm gehört, werden Audio-Interviews mit dem Geschäftsführer in die Anzeigen integriert (Lesen Sie hier einen Erfahrungsbericht zum Recruiting-Kanal karriereradio.fm: http://bit.ly/1J7Zjgt). Bei stepstone.de oder monster.de lassen sich gegen Aufpreis Videos in die Anzeigen einbinden.

Selbst Anzeigen, die völlig ohne Text auskommen und nur noch aus einem Video bestehen, sind keine Seltenheit mehr – etwa auf YouTube (Beispiel „Kinderzahnärztin in Aachen gesucht": http://bit.ly/1RW6QxL) oder auf Plattformen wie 66seconds.com oder jobsaround.tv. Deren Geschäftsidee sieht vor, dass Arbeitgeber freie Stellen in kurzen Filmchen anpreisen, die mit der Handykamera aufgenommen werden. Sodann können sie nicht nur direkt auf der Plattform angesehen, sondern auch in den sozialen Netzwerken geteilt werden. Interessierte Bewerber schicken zunächst keine schriftliche Bewerbung, sondern ebenfalls einen kurzen Clip zurück.

Erste Anbieter im Sozial- und Gesundheitswesen machen sich auf den Weg und probieren es zumindest einmal mit ungewöhnlichen Texten:

> **Beispiele:**
>
> Seit zwei Jahren drehen die mutigen Stellenanzeigen eines ambulanten Pflegedienstes aus Bergisch-Gladbach ihre Runden in den sozialen Netzwerken. Gesucht wird statt einer Pflegefachkraft eine „Eierlegende Wollmilchsau", die „keinerlei Ambitionen hat, gutes Geld zu verdienen, aber immer mehr Aufgaben übernehmen möchte" und sich auf „gestresste, überforderte und ausgelaugte Kollegen freut". Auf die ungewöhnlichen Anzeigen, die mit einem Augenzwinkern gemeint sind und mit den Vorurteilen gegen die Pflegebranche spielen, würden sich überdurchschnittlich viele Bewerber melden, bestätigte der Inhaber des Pflegedienstes der Zeitung Rheinische Post.
>
> Das Beueler Pflegeteam, ebenfalls ein ambulanter Pflegedienst, sucht „Fleißige Bienen", die genervt davon sind, „täglich wechselnde Blüten anfliegen zu müssen" und „zu lange Flugzeiten zu haben". Versprochen werden „feste Flugrouten mit gleichbleibenden Blüten", ein „ausgewogenes Bienen/Blütenverhältnis" sowie ein „Extra-Topf Honig für zusätzliche Flüge".

Solche Versuche, mal was Neues zu wagen, sind aber erst der Anfang.

Die Mindestanforderungen für eine zeitgemäße Stellenanzeige wollen wir nun einmal im Detail durchgehen. Einige Inspirationen stammen aus dem empfehlenswerten Fachbuch „Stellenanzeigen erfolgreich texten" von Stefan G. Wolf (Springer Gabler, 2013).

Der Jobtitel

Ihre wichtigste Funktion erfüllen Jobtitel, also die Überschriften von Stellenanzeigen, nicht in der Anzeige selbst, sondern in der Liste, in der sie dem Bewerber zum Beispiel auf stepstone.de angezeigt werden. Stellen Sie sich eine solche Liste mit Jobangeboten für Pflegefachkräfte in Ihrer Stadt vor, die untereinander angeordnet sind.

- Auf welche Anzeige klicken Sie?
- Wonach entscheiden Sie, welche Sie interessiert?

Manche Bewerber suchen Logos von bekannten Arbeitgebern und klicken dort. Andere klicken die Anzeigen der Reihe nach durch. Die meisten aber reagieren auf irgendeinen Reiz im Jobtitel, der sie neugierig macht. Eine Stellenanzeigen-Liste für Erzieher könnte so aussehen [Stichprobe bei stepstone.de]:

- Erzieher (w/m) mit Herz und Humor
- Erzieher/Native Speaker (w/m) für bilinguale Kita
- Erzieher/in in Leitungsfunktion
- Erzieher/in
- Staatlich anerkannte/r Erzieher/in
- Erzieher/innen für die Vorschule
- Erzieher_in mit Leidenschaft

Noch einmal die Frage: Wo klicken Sie? Es gibt hier keine richtige und falsche Antwort. Manche Bewerber reagieren emotional und entscheiden sich für den Erzieher mit „Herz und Humor" oder „Leidenschaft". Andere gehen nach den Fakten und sind froh, wenn sie Hinweise wie „Vorschule" oder „Leitungsfunktion" in der Überschrift finden. Aber kaum jemand wird auf die Anzeige klicken, die einfach nur mit „Erzieher/in" oder „Staatlich anerkannte/r Erzieher/in" betitelt ist.

Als Faustregel gilt:

Drei Detail-Informationen zur ausgeschriebenen Stelle lassen sich locker in einer Überschrift unterbringen. Zu lang darf sie nicht werden, das ist klar. Aber ob der Job in Vollzeit oder Teilzeit angeboten wird, ob er auch für Berufseinsteiger oder Quereinsteiger geeignet ist, ob er in einer Waldorf-Kita, einer christlichen Kita oder in einem Kinderladen frei ist, das wäre schon interessant. Und es wäre schön, wenn man dies auf den ersten Blick wüsste.

Hier ein paar Beispiele, die der Drei-Info-Faustregel folgen:

- Berufserfahrener Altenpfleger (w/m) als Praxisanleiter
- Ergotherapeut (w/m) für qualifizierte Schulbegleitung (15 bis 32 Wochenstunden)
- Sozialpädagogin für Nachtdienste in Mädchenwohngruppe
- Gesundheits- und Krankenpfleger/in als Compliance Manager im Außendienst Neurologie

Letztendlich funktioniert so eine Liste wie eine Liste von Buchtiteln bei Amazon, die Ihnen zu Ihrer Suchanfrage vorgeschlagen werden, oder eine Liste von Last-Minute-Hotels, die Ihnen der Onlinereiseanbieter ausspuckt: Wenn bei Amazon überall nur stünde „Buch", „Buch", „Buch" oder bei ab-in-den-urlaub.de „Hotel", „Hotel", „Hotel", wären Sie als Kunde ratlos: Wo sollen Sie klicken? Genauso geht es dem Bewerber, der zehn Stellenanzeigen untereinander liest, die alle einfach nur „Pflegefachkraft", „Examinierte Pflegefachkraft", „Gesundheits- und Krankenpfleger (w/m)" heißen.

Durch Negativbeispiele lernen: Häufige Fehler in Überschriften von Stellenanzeigen

- **„Stationsleitung gesucht":** Die Stationsleitung sei eine Funktion, kein Mensch, erklärt Stefan G. Wolf in seinem Buch „Stellenanzeigen erfolgreich texten" (Springer Gabler, 2013), ein „unpersönlicher, kalter Begriff". Sie suchen aber einen Menschen. Also sprechen Sie ihn auch an wie einen Menschen: Stationsleiter/in gesucht.

- **„Sozialassistent/in gesucht":** Wenn Sie wirklich einen Sozialassistenten suchen (keine „Sozialassistenz", bitte!), können Sie das natürlich gerne schreiben. Suchen Sie aber einen ungelernten Quereinsteiger, benutzen Sie diesen Begriff nicht fälschlicherweise, nur weil „Nicht-Fachkraft" blöd klingt. „Sozialassistent" ist in einigen Bundesländern eine eigene Berufsbezeichnung.

- **„Mitarbeiter in der Tagesstruktur gesucht"**: Dieser Jobtitel erfüllt nicht seine Aufgabe, auf den ersten Blick zu beschreiben, um was für eine Stelle es sich handelt. Sollen Erzieher oder Sozialpädagogen angesprochen werden? Hilfskräfte oder Ehrenamtliche? Handelt es sich um Tageseinsätze in einer Wohngruppe oder einer Werkstätte – und für wen überhaupt? Für Kinder und Jugendliche oder Menschen mit Behinderung? Das muss bereits aus dem Jobtitel klar hervorgehen.

- **„Erzieher, Sozialpädagogen oder vergleichbare Fachkräfte gesucht"**: Dieser Jobtitel ist überfrachtet. Nennen Sie lieber die Berufsgruppe, die Ihnen am liebsten wäre. Ja, damit grenzen Sie andere aus. Aber die Erfahrung zeigt, dass Stellenanzeigen umso erfolgreicher sind, je konkreter gesucht und je direkter die Zielgruppe angesprochen wird. Wer hat sich in der Vergangenheit bei Ihnen beworben – eher Erzieher, Sozialpädagogen oder Quereinsteiger? Im Zweifelsfall schalten Sie dieselbe Anzeige zweimal, einmal für Erzieher, einmal für Sozialpädagogen und schauen, was besser funktioniert.

- **„Pädagogische Fachkräfte gesucht"**: Die Zusammenfassung einer Berufsgruppe auf diese Weise ist aus Sicht der Suchmaschine nicht sinnvoll. Der Jobtitel sollte die wichtigsten Suchbegriffe enthalten, die ein passender Bewerber bei Google oder in einer Stellenbörse eingeben würde (in diesem Fall „Erzieher" oder „Sozialpädagoge"), denn je passgenauer Ihr Jobtitel sich mit der Formulierung der Suchanfrage deckt, umso weiter oben wird Ihre Stellenanzeige angezeigt.

- **„Pflegekräfte gesucht"**: Sammelanzeigen sind erfahrungsgemäß weniger erfolgreich bzw. wirken sogar eher abschreckend („Die suchen ja händeringend! Bestimmt muss ich da alles alleine machen!"). Suchen Sie entweder eine Fachkraft für eine konkrete vakante Stelle oder eine konkrete Anzahl von Fachkräften mit einer Begründung, wa-

5

rum Sie gleich mehrere neue Mitarbeiter brauchen: „Ambulanter Pflegedienst sucht 3 Pflegefachkräfte wegen Erweiterung des Einzugsgebiets", „3 Erzieher für neues Flüchtlingsprojekt gesucht".

Aufmerksamkeitsstarke Bilder

Hat die Überschrift ihren Dienst getan und den Bewerber dazu bewegt, Ihre Anzeige anzuklicken, sieht er als nächstes hoffentlich ein großformatiges Bild.

Abbildung 15: Ansprechende Bebilderung einer Stellenanzeige des Personaldienstleisters Careflex; © Careflex

Stellen Sie sich vor, Ihre freie Stelle sei die Flasche Coca-Cola, die Sie verkaufen müssten. Ihre Stellenanzeige sei das Werbeplakat und der Bewerber der Kunde, den Sie überzeugen wollen, dass er Ihr Produkt unbedingt braucht. Wenn Sie sich diesen Zusam-

menhang zwischen Produkt- und Personalmarketing vergegen-
wärtigen, wird klar, warum eine Stellenanzeige ohne Bild kaum
auskommen kann. Werbung arbeitet so gut wie immer mit Bildern
– weil sie den Kunden auf emotionaler Ebene ansprechen, weil
sie eine Stimmung transportieren, weil Bilder „mehr als tausend
Worte sagen" und es am Ende einfacher ist, Produkte über Bilder
zu verkaufen.

Abbildung 16: Ansprechende Bebilderung einer Stellenanzeige des Oberlin-
hauses, © Oberlinhaus

Dasselbe gilt für Ihre Stellenanzeige. Wählen Sie ein großformatiges Motiv, das ruhig ein Fünftel bis ein Viertel der DIN A4-Seite
einnimmt, die Sie für die Anzeige zur Verfügung haben. Ein über-
raschendes. Nicht etwa die Kinderhand, die sich in die Senioren-
hand schmiegt. Das haben wir schon tausendmal gesehen. Auch
nicht die Krankenpflegerin in blütenweißer, frisch gebügelter
Arbeitskluft, die in Wirklichkeit ein Model ist und sich nur für das

5

Foto lächelnd über den Patienten am Beatmungsgerät beugt. Aufmerksamkeitsstarke Bilder gehen anders:

- Sie zeigen echte Mitarbeiter, keine Agenturfotos mit austauschbaren Menschen.

- Sie zeigen authentische, lebendige Momentaufnahmen statt Perfektion.

- Sie zeigen berührende statt erwartbare Situationen.

- Sie heben sich von Bildern in anderen Stellenanzeigen ab.

- Sie dienen nicht nur der oberflächlichen „Aufhübschung" der Stellenanzeige, sondern als zusätzliches Überzeugungsargument.

Der Einleitungstext

Einen guten Einleitungstext zu schreiben, ist nicht leicht. Ihn deshalb komplett wegzulassen, wäre allerdings nicht die richtige Entscheidung. Gerade in Stellenanzeigen für Pflegefachkräfte fällt mir auf, dass erschreckend häufig auf einen Einleitungstext verzichtet wird. Und das, obwohl er gerade in diesem Arbeitsfeld besonders wichtig ist, weil sich Pflegefachkräfte zwischen hunderten Jobangeboten entscheiden können. Im Zweifelsfall sind Bild und Einleitungstext der Anzeige das Zünglein an der Waage bei der Arbeitgeberwahl – der Rest liest sich ohnehin überall gleich.

Wenn Einleitungstexte vorhanden sind, dann leider häufig im altmodischen Stil. Unternehmensprofile als Einleitungstext haben nun wirklich längst ausgedient:

Negativbeispiel:

Die Unternehmensgruppe xy wurde 1833 gegründet und gehört heute mit 3.500 Mitarbeitenden zu den großen Trägern sozialer Dienstleistungen in Süddeutschland. An über 70 Standorten im Großraum xy unterhält sie ein breit gefächertes Angebot an Wohn-, Arbeits- und Ausbildungsplätzen sowie therapeutischen und medizinischen Hilfen.

Auch Texte voller Plattitüden und bemühter Formulierungen sind nicht besonders überzeugend:

Noch ein Negativbeispiel:

Es erwartet Sie ein vielseitiges und herausforderndes Aufgabengebiet im Bereich intensiv unterstütztes Wohnen und Arbeiten, mit dem Ziel, erwachsenen Bewohnern mit schwerst-mehrfachen Behinderungen sowie dem unterschiedlich intensiven Bedarf an Betreuung, Förderung und Pflege die größtmögliche Selbstständigkeit und Selbstbestimmung zu sichern, zu erhalten und zu fördern. Unsere Angebote dienen grundsätzlich der Befähigung zur Selbsthilfe und der Ermöglichung der Teilhabe an der Gemeinschaft.

Die Floskeln („herausforderndes Aufgabengebiet"), der passive Nominalstil („Ermöglichung der Teilhabe"), die hochkorrekten Formulierungen („Selbstbestimmung zu sichern, zu erhalten und zu fördern") und die langen Sätze sorgen dafür, dass dieser Einleitungstext schwer zu lesen ist und Distanz zum Leser aufbaut. Er verpasst die Chance, den Bewerber persönlich anzusprechen. Als Besonderheit der angebotenen Stelle wird lediglich aufgezeigt, dass es sich um die Arbeit mit schwerst-mehrfach behinderten Menschen handelt. Das reicht nicht! Jede Einrichtung, die für diese Klientel tätig ist, könnte mit diesem Text ihre Stellenanzeige eröffnen. Wo bleibt die Unverwechselbarkeit, also das Merkmal, das diesen ganz konkreten Arbeitgeber ausmacht?

Auch kommt die Arbeit mit schwerst-mehrfach behinderten Menschen hier eher als „Nachteil" der Stelle rüber. Jeder weiß, dass „Herausforderung" ein Euphemismus für „Problem" ist. Wer in einer Stellenanzeige von einem „herausfordernden Aufgabengebiet" spricht, hinterlässt demnach beim Bewerber den Eindruck, als handele es sich um eine besonders anstrengende Tätigkeit mit einer problematischen Klientel. Und das ist nicht der Eindruck, den Sie unkommentiert stehen lassen wollen. Sie haben in diesem Fall zwei Möglichkeiten:

- Entweder Sie richten die Stellenanzeige an Fachkräfte, die ausdrücklich herausfordernde Aufgaben suchen: „In einem

Arbeitsalltag mit wenig anspruchsvollen Routinetätigkeiten fühlen Sie sich unterfordert? Unsere schwerst-mehrfach behinderten Bewohner brauchen Sie als Pflegefachkraft, die engagiert auf ihre individuellen Bedürfnisse eingeht".

- Oder Sie stellen der besonderen Herausforderung einen Ausgleich gegenüber: „Die Arbeit mit unseren schwerst-mehrfach behinderten Bewohnern ist herausfordernd – Ihre Vergütung darum überdurchschnittlich" oder: „Unsere Pflegedienstleiterin Helga (49) sagt: ‚Die Arbeit mit den schwerst-mehrfach behinderten Bewohnern ist herausfordernd, gibt mir aber das Gefühl, etwas wirklich Sinnvolles mit meinem Leben anzufangen'".

Grundsätzlich bietet der Einleitungstext in der Stellenanzeige die Gelegenheit, den Bewerber emotional abzuholen und eine erste Bindung aufzubauen. Er macht ihn neugierig auf den Rest der Stellenanzeige – und auf den Job. Er weckt den Wunsch, den Arbeitgeber zu wechseln.

5

Im Einleitungstext haben Sie die Gelegenheit, den Bewerber zu überraschen – durch Humor, unerwartete Informationen oder nie dagewesene Formulierungen. Der Einleitungstext einer Stellenanzeige ist wie der Klappentext auf dem Buchrücken, der Sie dazu verleitet, einen Roman zu kaufen. Wie der Trailer zu einem Film, der Sie überzeugen soll, ins Kino zu gehen. Geben Sie sich Mühe damit! Hier einige Beispiele für zeitgemäße Einleitungstexte:

Beispiele für zeitgemäße Texte:

- Gummistiefel statt High Heels: Als Erzieher/in in unserer Inselkita auf Juist sind Ihnen Modesünden egal. Auch scheuen Sie sich nicht, Krabbeltierchen im Watt anzufassen. Erlebnispädagogik und Leben mit der Natur - das ist unser Konzept, und wir freuen uns, wenn Sie es mit neuen Ideen bereichern.

- Bisher hat mir kaum jemand etwas zugetraut. Hier in der xy-Stiftung wurde ich von Anfang an gefordert und gefördert!" Das sagt unser Altenpflege-Azubi Mohammed (19) – vielleicht bald Ihr neuer Kollege? Für sein Team suchen wir zwei Pflegekräfte in Teilzeit, die keine Angst vor Multi-Kulti haben.

- Die 20- bis 30-jährigen Bewohner unserer Einrichtung brauchen nach einem Motorradunfall oder Schlaganfall in jungen Jahren Unterstützung. Um acht ins Bett gehen will keiner von ihnen, sie interessieren sich für YouTube und Fußball wie ihre Altersgenossen. Wir brauchen Sie als Heilerziehungspfleger, der viel Energie mitbringt und auch mal einen Quatsch mitmacht.

Die Aufgabenbeschreibung

„Betreuung der Kinder in der Gruppe", „Gestaltung von Freizeitangeboten", „Begleitung der Entwicklung": Die Aufgabenbeschreibungen in Stellenanzeigen für pflegerische oder pädagogische Fachkräfte (hier: Erzieher) sind oft wenig aussagekräftig. Eigentlich braucht der Bewerber sie überhaupt nicht zu lesen, weil sowieso bloß drin steht, was er schon weiß.

5

Die Kunst ist herauszuarbeiten, was diese Aufgabe besonders macht und von anderen Einsatzstellen abhebt. Jedes Team ist anders, jede Klientel ist anders, die Atmosphäre in jeder Einrichtung ist anders, jeder Arbeitsalltag unterscheidet sich im Detail von dem auf einer anderen Station, in einem anderen Wohnheim, in einem anderen Projekt.

Überlegen Sie sich, was Sie einem Bekannten beim Kaffee erzählen würden, wenn Sie ihm über die freie Stelle berichten sollten:

- „Weißt du, wir suchen schon seit längerem einen Ergotherapeuten, das ist eigentlich eine ganz gute Stelle. Eigenverantwortlich kann er …"

- „Das Team, in dem er eingesetzt wird, ist …"

- „Die Menschen, mit denen wir arbeiten, sind …"

- „Die Ausstattung an Hilfsmitteln ist …"

- „In unserer Einrichtung ist etwas möglich, was anderswo nicht möglich ist, nämlich …"

Und: Fragen Sie Ihre Mitarbeiter, was sie an ihrer Arbeit schätzen.

Packen Sie diese Informationen dann in die Aufgabenbeschreibung. Dabei geht es gar nicht darum, das Rad neu zu erfinden, sondern darum, so konkret wie möglich zu werden. Der Bewerber soll sich vorstellen können, wie es wäre, wenn er diese Tätigkeiten ausführen würde.

Tipps für die Aufgabenbeschreibung in Stellenanzeigen:

- **Sprechen Sie den Bewerber direkt an:** „Sie betreuen die Bewohner vor und nach ihrem täglichen Einsatz in unserer Werkstätte für Menschen mit Behinderung." Und warum die Aufgabenbeschreibung in ganzen Sätzen statt wie meist üblich in Spiegelstrichen? Die Antwort gibt Stefan G. Wolf in „Stellenanzeigen erfolgreich texten" (Springer Gabler, 2013) nach einem Feldversuch: „Wenn die Anzeige in vollständigen Sätzen formuliert war, konnten sich ... Kandidaten [...] an doppelt so viele Details erinnern, als wenn die Anzeige aus Stichworten bestand."

- **Beschreiben Sie die Aufgaben so konkret wie möglich:** Statt „Betreuung der Kinder in Gruppen" könnte es heißen: „Gemeinsam mit einer Kollegin betreuen Sie eine Gruppe von fünfzehn Vorschulkindern aus zumeist bildungsfernen Elternhäusern".

- **Unterscheiden Sie zwischen Haupt- und Nebentätigkeiten:** Wenn die Liste mit Aufgaben zu lang wird, wirkt das abschreckend!

- **Finden Sie nette Worte für unattraktive Tätigkeiten:** Statt „Bereitschaft zur Arbeit an Feiertagen" formulieren Sie besser: „Weil unsere Bewohner auch an Ostern und Weihnachten jemanden brauchen, der sie betreut, wechseln Sie sich an Feiertagen mit den Kollegen ab."

Das Anforderungsprofil

Beim Anforderungsprofil ist Fingerspitzengefühl gefragt: Will man zu viel, schreckt man den Bewerber ab. Will man zu wenig, wirkt man bedürftig. Und das schreckt auch wieder ab.

Wichtig ist klarzumachen, welche Voraussetzungen zwingend notwendig sind (Berufsabschluss) und welche wünschenswert wären (z. B. Erfahrung mit demenzkranken Patienten). Signalisieren Sie, dass fehlende Kompetenzen auch nach Arbeitsantritt nachgeholt werden können („Wir bereiten Sie mit einem Seminar über Wundmanagement auf Ihre neue Tätigkeit vor").

Und ganz wichtig: Wählen Sie eine sympathische Überschrift. „Das wünschen wir uns" oder „So stellen wir Sie uns vor" klingt wesentlich netter als „Wir erwarten".

Extras

Ein kleines „Extra" gibt Ihrer Stellenanzeige den letzten Pfiff und kann das Zünglein an der Waage sein:

- Binden Sie Arbeitgebersiegel ein, die Ihre Einrichtung tragen darf („Great place to work", „Audit berufundfamilie", ...)
- Verlinken Sie auf ein Video oder binden Sie es direkt in die Stellenanzeige ein.
- Schreiben Sie: „Und das sind Ihre neuen Kollegen" und verlinken auf ein Teamfoto oder eine Fotogalerie bei Facebook.
- Binden Sie Verlinkungen zu Ihren Profilen in den sozialen Netzwerken mit ein.
- Ermöglichen Sie eine „One Click"-Bewerbung (siehe Kapitel 2) oder die Bewerbung per Onlinebewerbungsformular.

Happy End

Lassen Sie die Stellenanzeige nicht einfach mit der Bewerbungsanschrift ausklingen. Einen Brief oder eine E-Mail runden Sie ja auch mit guten Wünschen für einen schönen Feierabend ab. Im letzten Satz können Sie dem Leser noch einmal einen freundlichen Stups in Richtung Bewerbung geben. Sie können ihn daran erinnern, wie sympathisch oder schlagfertig Sie sind. Sie können signalisieren, dass Sie einen schnellen, modernen Bewerbungsprozess eingerichtet haben. Oder Sie können zögerlichen Bewerbern die Gelegenheit für einen Zwischenschritt anbieten, bevor sie sich für eine Bewerbung entscheiden. Hier einige Beispiele für einen Schlusssatz:

Beispiele:

- Und, haben Sie Ihre Gummistiefel schon aus dem Keller geholt? Prima, dann steht ja Ihrer Bewerbung nichts mehr im Wege!

- Senden Sie uns Ihre Bewerbung per Mail, Post, XING, Smoope oder Onlinebewerbungsformular. Wir melden uns spätestens eine Woche nach Eingang Ihrer Bewerbung.

- Noch unsicher? Kommen Sie – auch unangemeldet – zu unserem Mitarbeiter-Stammtisch, der jeden ersten Mittwoch im Monat ab 18.30 Uhr im Restaurant xy stattfindet.

5 Die richtigen Kanäle: Verbreitung der Stellenanzeige

Dass Stellenanzeigen in Printmedien nur noch wenig Erfolg haben, ist Konsens. Ausnahmen bestätigen wie immer die Regel – so können Stellenausschreibungen für Führungskräfte als gedruckte Anzeigen sinnvoll sein, Ärzte und teils Pflegekräfte über Fachzeitschriften gefunden werden oder Sie können Eltern von zukünftigen Auszubildenden mit Printanzeigen überzeugen, dass Sie ein seriöser Arbeitgeber sind und sich gut um das Nesthäkchen kümmern werden. Auch von erfolgreichen gedruckten Ausschreibungen in kostenlosen lokalen Anzeigenblättchen wird mir berichtet.

Manche Personaler stellen fest, dass die gelegentliche Printanzeige in der Lokalpresse ein wichtiges Signal an die Mitarbeiterschaft und ein Werkzeug für die Mitarbeiterzufriedenheit ist – nach dem Motto: Wir wissen, dass ihr am Rande eurer Kräfte arbeitet! Wir tun was dagegen!

Doch die Frage bleibt: In welchen zeitgemäßen Kanälen können Sie Ihre überarbeiteten Stellenanzeigen sonst noch streuen? Hier eine Übersicht über erfolgversprechende Wege:

Kanäle für die Verbreitung von Stellenanzeigen

- **Eigene Webseite**: Auf Ihrer eigenen Webseite sind Sie unabhängig von jeder Formatvorgabe und haben die Gestaltung selbst in der Hand. Sorgen Sie dafür, dass die Stellenanzeigen wirklich schick aussehen, gut zugänglich und von einer ansprechenden Karriererubrik eingerahmt sind. Jede Stellenanzeige braucht eine eigene „sprechende URL", also eine Internetadresse, in der die wichtigsten Schlagworte aus dem Jobtitel vorkommen: www.pflegedienst-xy.de/ stellenboerse/altenpfleger-fuer-ambulante-pflege

- **Karrierenetzwerke**: vor allem XING, ggf. LinkedIn

- **Arbeitgeberbewertungsportale**: Verlinken Sie aus dem Unternehmensprofil auf die Stellenbörse auf Ihrer Einrichtungswebseite.

- **Onlinestellenbörsen** (monster.de, stepstone.de, indeed. com, stellenanzeigen.de, lokale Onlinestellenbörsen und viele mehr): Hier ist es sehr erfolgversprechend, den nötigen Aufpreis zu bezahlen, damit Ihre Anzeige dem Nutzer bevorzugt angezeigt wird. Das bringt deutlich mehr Bewerbungen und spart die Kosten für längere Laufzeiten. Verzetteln Sie sich aber nicht mit (teils kostenfreien) Stellenportalen wie backinjob.de, jobisjob.de, meinestadt.de, kalaydo.de und wie sie alle heißen. Die eine oder andere davon mag in Ihrem konkreten Einzugsgebiet sinnvoll zu bedienen sein, aber gerade Sozial- und Pflegeeinrichtungen mit kleinem Etat verpulvern oft viel Zeit und Ressourcen damit, ihre Anzeigen in jede auffindbare Stellenbörse einzupflegen. Tun Sie das nicht, ohne auszuwerten, ob der jeweilige Kanal wirklich qualifizierten Rücklauf bringt.

- **Soziale Netzwerke**: vor allem Facebook

- **Fach- und Verbandsportale**: z. B. pflegejob.de, medi-jobs. de, stellenmarkt-sozial.de, socialnet.de, jugendhilfeportal. de, zentrale Stellenbörsen Ihres Trägers sowie der Fach- oder Landesverbände, in denen Sie Mitglied sind, und viele mehr.

5

- **Apps/Start ups**: z. B. tandemploy.com, 66seconds.com, job-saround.tv, karriereradio.fm, mobilejob.com, alle bisher im Buch genannten und viele mehr

- **Stellenanzeigen-Newsletter**: Bieten Sie den Besuchern der Karriererubrik auf Ihrer Webseite an, sich in einen Stellen-anzeigen-Newsletter einzutragen. Neue Stellenanzeigen können Sie den eingetragenen Abonnenten dann einmal monatlich per Mail zukommen lassen.

- **Mitarbeiterschaft**: Mailen Sie neue Stellenanzeigen an Ihre Mitarbeiter mit einer jedes Mal neu formulierten, freund-lichen und persönlichen Einladung, diese an passende Personen in ihrem Bekanntenkreis weiterzuleiten. Wenn irgend möglich, bieten Sie eine Prämie als Dankeschön an. Optimalerweise nutzen Sie dafür ein professionelles „Mit-arbeiter werben Mitarbeiter"-Tool wie firstbird.de oder talentry.de.

- **Bezahlte Werbeflächen**: Stellenanzeigen werden z. B. als Plakate in öffentlichen Verkehrsmitteln oder Einblendun-gen auf digitalen Werbetafeln in Arztpraxen oder Super-märkten verbreitet.

- **Eigene Verteilsysteme**: Überlegen Sie, über welche Wege und bei welchen Gelegenheiten Sie ohnehin viele Men-schen erreichen. Produzieren Sie Produkte in Ihrer Werk-stätte für Menschen mit Behinderung? Drucken Sie Stellen-anzeigen auf die Produktverpackungen! Fährt für Ihren ambulanten Pflegedienst eine Kleinwagenflotte durch die Stadt? Bekleben Sie die Autos nicht nur mit Logos, sondern mit Stellenanzeigen.

Natürlich wäre es zu kosten- und zeitintensiv, jede Stellenanzeige in allen genannten Kanälen zu platzieren. Da es aber nicht die eine richtige, für alle geltende Antwort auf die Frage „Welcher Kanal funktioniert am besten?" gibt, bleibt Ihnen nichts anderes übrig als verschiedene Kanäle auszuprobieren.

Tun Sie das nicht nach Bauchgefühl, sondern in einer sorgfältig konzipierten Testphase über Monate oder ein ganzes Jahr hinweg, in der Sie den Rücklauf detailliert auswerten. Vergessen Sie dabei nicht, dass äußere Bedingungen wie Ferienzeiten das Ergebnis beeinflussen können. Wiederholen Sie den Test regelmäßig. Denn die Kanäle, über die Sie heute erfolgreich rekrutieren, können in zwei Jahren schon wieder von ganz anderen abgelöst worden sein.

Viel Zeit lässt sich sparen, indem Sie in eine professionelle HR- oder Bewerbermanagement-Software einführen. Diese ermöglicht es Ihnen, Ihre Anzeige an einem Ort einzupflegen und dann über vorher eingerichtete Schnittstellen automatisch in verschiedenste Kanäle auszuspielen.

Infobox: „Job Crawler"

Große Stellenbörsen durchforsten das Internet regelmäßig nach Stellenanzeigen auf Unternehmenswebseiten und kleineren Börsen und integrieren diese in ihren Anzeigenpool. Prüfen Sie darum, ob dort Anzeigen Ihres Unternehmens gelistet sind, die Sie nicht bezahlt oder in Auftrag gegeben haben. Wenn ja, vergewissern Sie sich, dass Ihre Anzeigen ansprechend aussehen. Häufig gehen beim automatischen Auslesen Informationen oder Formate verloren und die Anzeigen wirken am Ende unprofessionell. Dann schadet es Ihnen im Zweifelsfall eher als dass es Ihnen nutzt. Ein Programmierer kann in diesem Fall helfen.

5

5

Abbildung 17: Personalmarketing-Plakat der Bundeswehr zum Thema „Karriere in der Pflege", © Bundeswehr

Personalmarketing in den sozialen Netzwerken

6

Facebook und Co.: Zahnlose Tiger?

Sozial- und Pflegeeinrichtungen, die schon eine Weile mit Facebook arbeiten, sind enttäuscht: Da hat man sich solche Mühe gegeben, die Nutzung des Netzwerks bei der skeptischen Geschäftsführung durchzuboxen, eigens einen Freiwilligendienstleistenden dafür abgestellt und glücklich die Fanzahlen beobachtet, die langsam wuchsen. Und trotzdem: Bewerbungen, die man eindeutig zuordnen kann, beziehungsweise Bewerbungen in nennenswerter Anzahl gehen darüber nicht wirklich ein.

Diese Erfahrungen decken sich mit den Ergebnissen der „Social Media Personalmarketing Studie 2016". Demnach stagniert die Nutzung der sozialen Netzwerke auf erreichtem Niveau, der Hype scheint vorbei zu sein. Die sozialen Netzwerke (Social Media) haben sich nicht als der erhoffte neue Königsweg der Rekrutierung entpuppt. Interessant, dass das in anderen Ländern anders ist:

Best Cases – Interview mit einer Wirtschaftsberaterin aus der Entwicklungshilfe

6	Was deutsche Personaler vom Recruiting in Zentralasien lernen können

Cordula Shmygun (55) hat viele Jahre in der Entwicklungshilfe im Ausland gearbeitet, unter anderem in Usbekistan, Kirgisistan und Tadschikistan. Später hat sie sich mit ihren Erfahrungen als Wirtschaftsberaterin selbstständig gemacht und Unternehmen in diesen Ländern auch bei der Mitarbeiterrekrutierung unterstützt. Zurück in Deutschland staunt sie, wie schwer sich Personaler hierzulande tun.

Frau Shmygun, wie haben Sie in Zentralasien Personal gesucht?

In diesen Ländern funktioniert Personalgewinnung viel mehr über Kontakte und Vernetzung, kein Unternehmen annonciert in Tageszeitungen oder schreibt in Onlinestellenbörsen aus. Wenn ich weiß, für welche Position ich jemanden suche, „zapfe" ich mein Netzwerk an, überlege, wer welche Beziehungen hat. Über WhatsApp und Facebook schreibe ich meinen Kontakten: „Hey, ich suche jemanden, der Erfahrung im Konfliktmanagement hat – habt ihr eine Idee, wen ich fragen könnte?" Es gibt keine ausformulierten und designten Stellenanzeigen und auch keine hübschen Facebook-Grafiken. Die Bewerber sitzen nicht zu Hause, sondern sie sind mit existenziellen Dingen beschäftigt – wie die tägliche Mahlzeit zu sichern. Arbeitgeber und Bewerber treffen sich also per Social Media „in der Mitte".

Und das funktioniert? Auf diese Weise bekommen Sie geeignete Bewerber genannt?

Ich bekomme durch mein Netzwerk Vorschläge. Die Anfragen werden rasend schnell durchgereicht, das läuft völlig unkompliziert ohne Bürokratie oder Datenschutz-Debatten. Und ich kann mich darauf verlassen, dass meine Kontaktpersonen meine Anfrage nur guten Leuten weitergeben und nicht Hinz und Kunz. Wenn sie meine Anfrage teilen, schreiben sie dazu (beziehungsweise weiß das jeder): „Meldet euch nur, wenn ihr es ernst meint. Es ist mein Gesicht, das ich sonst verliere!" Ich habe noch nie eine Pleite mit dieser Methode erlebt. Natürlich muss auch ich als Recruiterin verantwortungsvoll mit den Bewerbern und ihren Familien umgehen, muss schnell reagieren, wenn notwendig auch schnell absagen, damit sie nicht unnötig warten. Gleichzeitig darf ich nicht vergessen, dass ich meinen Auftraggebern voll und ganz verpflichtet bin. Ich habe genauso einen Ruf zu verlieren.

Und wie geht es weiter im Bewerbungsprozess?

Da ich die Person manchmal gar nicht treffen kann, weil sie im Nachbarland oder noch weiter weg arbeiten soll, laufen auch die Vorstellungsgespräche über die sozialen Netzwerke. Da Skype in einigen der Länder, in denen ich war, schlecht funktioniert, nutzen wir für die Bewerbungsgespräche die Videotelefonie-App imo.im. Ihre Unterlagen senden die Bewerber online ein.

Denken Sie, diese Methoden ließen sich auf Deutschland übertragen? Was können deutsche Personaler von Ihren Erfahrungen lernen?

Weniger Bürokratie, mehr Bauchgefühl wären gut. Den Bewerbern offener begegnen. In Zentralasien sind Dokumente wie Zeugnisse teils gefälscht und ich kann mich nicht darauf verlassen. Die Bewerber mit 1A Dokumenten sind nicht die verlässlichsten Mitarbeiter. Darum muss ich auf meine Intuition bauen.

Oft ist es auch hierzulande so, dass die interessantesten Bewerber keinen geraden Lebenslauf haben, der in standardisierte Onlinebewerbungsformulare oder Bewerbungsmappen passt. Als ich mich jetzt selber aus familiären Gründen für eine feste Stelle in Deutschland beworben habe, habe ich einen sechsseitigen Lebenslauf eingeschickt. Und dann bekam ich die Antwort: „Sie wussten wohl nicht, was Sie wollten!" Im Gegenteil, ich weiß sehr genau, was ich will und bin dankbar für meinen Erfahrungsschatz. Meine neue Stelle habe ich dann auch nicht auf dem „normalen" Weg gefunden.

Akkurat formulierte Annoncen in Tageszeitungen liest doch heute keiner mehr. Und gerade Menschen, die wie ich keine „perfekten" Lebensläufe haben, fühlen sich über die sozialen Medien eher angesprochen. In anderen Ländern sind auch die über 50-Jährigen sehr fit im Netz, denn anders kommen sie gar nicht an Arbeit oder Informationen. Die Hemmschwelle, einfach mal anzurufen und sich nach Details der Stelle zu erkundigen, ist viel kleiner, wenn man über die sozialen Netzwerke wirbt. Das wird das Recruiting der Zukunft sein.

6

Und nicht zuletzt: Die teilweise monatelangen Bewerbungszeiträume in Deutschland können sich Unternehmen nur leisten, weil der arbeitslose Bewerber meist finanzielle Unterstützung bekommt. In anderen Ländern muss das viel schneller gehen – und geht dann auch schneller.

Fakten und Tipps zu „klassischen" Social Media Instrumenten

Auch wenn die Personalbeschaffung in Deutschland so (noch) nicht funktioniert, wäre es falsch, das Facebook-Unternehmensprofil nun wieder abzuschalten. Trotz allem, so die „Social Media Personalmarketing Studie 2016", haben sich die sozialen Netzwerke etabliert und gehören ins Portfolio eines modernen Personalers. Sie ersetzen zwar nicht die Karriererubrik auf der Unternehmenswebseite, doch Arbeitgeberbotschaften lassen sich über die sozialen Netzwerke schneller an die breite Öffentlichkeit bringen. Zudem versucht Facebook gerade, den Karrierenetzwerken Konkurrenz zu machen: mit neuen Funktionen wie dem Intranet-Tool Workplace oder der Einbindung von Stellenanzeigen. In den USA werden bereits Geschäftsanfragen über den Facebook-Messenger gestellt.

6

Wer nutzt welche Kanäle?
Ergebnisse der Social Media Personalmarketing Studie 2016

- Über die sozialen Netzwerke erreichen Sie Ihre Zielgruppen fast vollständig: 96 Prozent der Studenten/Absolventen und 88 Prozent der Fach- und Führungskräfte nutzen täglich Social Media. Würde man im Personalmarketing darauf verzichten, bliebe ein großes Potential ungenutzt.

- Die Prioritäten der Studenten/Absolventen unterscheiden sich von denen der Fach- und Führungskräfte. Während erstere vor allem Facebook (90 Prozent), WhatsApp (90 Prozent) und YouTube (51 Prozent) nutzen, sind letztere eher auf WhatsApp (79 Prozent), XING (79 Prozent) und Facebook (78 Prozent) unterwegs. Je nach Zielgruppe sollten Sie Ihre Recruitingkampagne in den passenden Kanälen starten.

- Arbeitgeber setzen vor allem auf XING (90 Prozent), Facebook (68 Prozent) und LinkedIn (60 Prozent) – die Bedeutung von WhatsApp verkennen die meisten noch.

Für das Personalmarketing oder als niedrigschwelliges Angebot zur Kontaktaufnahme für die Bewerber taugen sie sehr wohl sehr gut – allen voran Facebook. Zusammen mit XING, Kununu und WhatsApp gehört es immer noch zu den wichtigsten zu bespielenden Kanälen, denn Kandidaten prüfen unter anderem dort, was ein Unternehmen so treibt, bevor sie sich bewerben.

Insofern bringt Facebook vielleicht wenige Bewerber direkt hervor (obwohl das mit Tools wie mobilejob.com oder sehr viel Fingerspitzengefühl bei der Direktansprache durchaus möglich ist), trägt aber zur Entscheidung einer Person für Sie als Arbeitgeber bei. Auch wenn sich die Kommunikation von Facebook nach WhatsApp verlagert hat, werden uns die sozialen Netzwerke nach Einschätzung von Experten noch eine Weile begleiten und von vielen Menschen quasi als Suchmaschine benutzt werden.

Tipps für das Unternehmensprofil auf Facebook   6

- Zusätzlich zum Haupt-Unternehmensprofil eine extra Facebookseite für Karrierethemen einzurichten, hat sich nur für große Unternehmen bewährt. Kleinere Einrichtungen sollten im Redaktionsplan lieber eine verlässliche **Rubrik** für Themen rund ums Personalmarketing und Recruiting einrichten, z.B. den „Karriere-Montag", an dem sie regelmäßig Mitarbeiterportraits oder die „Stellenanzeige der Woche" posten.

- Für diese Rubrik eignet sich die Art von **Inhalten**, die ich weiter oben für Karrierewebseiten vorgeschlagen habe. Außerdem zum Beispiel: Fotogalerien von spannenden Ausbildungsinhalten wie Übungen mit der Pflegepuppe oder Rollstuhl-Testfahrten, Spaßinhalte wie Erzieher-Cartoons oder ein Video von tanzenden Pflegekräften.

- Achten Sie beim Texten für Facebook darauf, dass der Post **kurz** ist (maximal drei Sätze) und dass er den Nutzer direkt anspricht. Schreiben Sie nicht nachrichtlich, sondern emotional und formulieren Sie so locker, wie Sie es tun, wenn Sie Freunden etwas erzählen.

- Animieren Sie den Nutzer in jedem einzelnen Post zu einer **Handlung**, indem Sie zum Beispiel eine Frage stellen, die er per Kommentar beantworten kann, oder ihn auffordern, sich ein Video, eine Stellenanzeige oder Ihre Karriererubrik anzusehen. Bauen Sie diese Aufforderungen möglichst natürlich und unaufdringlich in Ihren Post ein. Weisen Sie immer wieder darauf hin, dass Bewerber herzlich eingeladen sind, Kontakt zu Ihnen über Privatnachrichten beziehungsweise den Facebook Messenger aufzunehmen.

- **Bebildern** Sie Ihre Facebook-Posts ansprechend. Schnappschüsse vom Sommerfest hat man dort einfach schon zu oft gesehen. Die Druckvorlage der Stellenanzeige hochzuladen, bringt wenig. Wer keinen Grafiker in der Öffentlichkeitsarbeit beschäftigt, kann sich mit kostenlosen Tools wie canva.com behelfen, mit denen sich einfache Grafiken selbst erstellen lassen.

- Mit einem langfristig angelegten **Redaktionsplan** machen Sie sich die Arbeit leichter, als wenn Sie jeden Morgen aufs Neue überlegen, was Sie denn heute posten könnten. Wechseln Sie zwischen reinen Text-Statusmeldungen, Bildergalerien und Videos, zwischen eigenen Inhalten und Inhalten von anderen Seiten, die Sie teilen. Mit drei Posts pro Woche haben Sie schon ein solides Profil gestaltet.

- Wenn Sie nicht genügend personelle Ressourcen in der Öffentlichkeitsarbeit haben, machen Sie Facebook (oder Instagram/Snapchat, siehe dazu gleich) zum Azubi- oder Freiwilligendienstleistenden-**Projekt**.

- Reagieren Sie auf jeden **Kommentar** mit einem Like und einem Gegenkommentar, auch auf positive Kommentare oder solche, die eigentlich keine Antwort benötigen. Je mehr Dialog auf Ihrer Facebookseite stattfindet, umso besser für Ihre Reichweite.

- Nutzen Sie aktuelle Themen, die die Öffentlichkeit bewegen, als **Aufhänger**, um Ihren eigenen Anliegen Aufmerksamkeit zu verschaffen. Gesetzgebungsverfahren über die neue Pflegeausbildung oder den neuen Pflegebedürftigkeitsbegriff eignen sich genauso wie der Start eines neuen Kinofilms über einen Menschen mit Behinderung.

- Posten Sie Themen nicht nur einmalig, sondern bauen Sie einen **Spannungsbogen** auf. Wer zum Beispiel für viel Geld einen neuen Employer Branding-Film produzieren lässt, sollte diesen nicht nur einmal bei Facebook teilen. Fordern Sie Ihre Mitarbeiter auf, sich mit ihren Geschichten über Facebook als Protagonisten für den Film zu bewerben, begleiten Sie die Dreharbeiten mit einer Fotogalerie, machen Sie mit ersten Vorschau-Videoschnipseln neugierig auf das Endprodukt und begleiten Sie den fertigen Film mit einem Making of-Video oder Textportraits der auftretenden Personen.

- Posten und diskutieren Sie nicht nur auf Ihrer eigenen Pinnwand. Es gibt bei Facebook zahlreiche **Gruppen** oder Initiativen zum Beispiel von Altenpflegern oder Heilerziehungspflegern (geben Sie diese Begriffe einfach in die Suche ein) oder Privatpersonen, die zu diesen Themen veröffentlichen. Beteiligen Sie sich mit sinnvollen Experten-Kommentaren an Diskussionen, posten Sie gelegentlich und unaufdringlich eine passende Stellenanzeige auf den einschlägigen Seiten, vergessen Sie dabei aber nicht, eine möglichst persönliche Nachricht mitzuschicken. Versuchen Sie vorsichtig, Kontakt mit einzelnen Personen, die im gewünschten Beruf arbeiten, aufzunehmen und eine Bindung aufzubauen.

- Sprechen Sie in Ihrem Post **Nutzer direkt** an, indem Sie das @-Zeichen benutzen, arbeiten Sie mit Hashtags wie #Pflege.

- Wenn Sie ein **Video** verbreiten möchten, teilen Sie bei Facebook nicht den YouTube-Link, sondern laden Sie das Video noch einmal direkt bei Facebook hoch. Dann wird es von Facebook häufiger bei den Nutzern eingeblendet.

6

- Nutzen Sie gelegentlich bezahlte Facebook-**Werbung**, um Posts zu Stellenanzeigen oder zu Ihrer neuen Karrierewebseite besser zu verbreiten.

- Nutzen Sie Facebook für gezielte und zeitlich abgeschlossene Recruiting-**Aktionen**, zum Beispiel „Mitarbeiter werben Mitarbeiter"-Aktionen oder Wettbewerbe wie „Wer gestaltet die innovativste Stellenanzeige?"

- Nutzen Sie Facebook, um Informationen über **Kandidaten** zu sammeln, die Sie auf anderen Kanälen wie XING ansprechen möchten. So finden Sie Themen für die individuelle Ansprache.

- Am besten funktioniert Facebook nicht für die direkte Werbung beim „Endkunden" (in unserem Fall beim Bewerber), sondern über **Empfehlungsmarketing**. Wenn eine Person, zum Beispiel einer Ihrer Mitarbeiter, Ihre Unternehmensseite liked oder Ihre Beiträge teilt, werden seine Freunde und Kontakte darauf aufmerksam – darunter sicher auch Menschen, die in ähnlichen Berufen arbeiten. Was ein Freund gut findet, bekommt einen Vertrauensbonus. Ihr Ziel sollte es deshalb sein, Inhalte zu posten, die Ihre Mitarbeiter wirklich gerne (und nicht nur auf Aufforderung) in ihren eigenen Profilen weiterverbreiten.

Nachwuchsbewerbung mit „moderneren" Social Media Instrumenten

Was Facebook definitiv nicht mehr ist: ein Kanal, um speziell den Nachwuchs zu erreichen. Dafür sind derzeit der weiter oben besprochene Messenger Snapchat oder der Fotodienst Instagram besser geeignet.

Instagram ist ein Netzwerk, auf dem Bilder, die mit einfachen Farbfiltern verschönert werden können, und sehr kurze Videoclips geteilt werden. Meist wird ein Beitrag mit wenig Text, dafür aber umso mehr Hashtags versehen. Eine Verlinkung auf andere Seiten ist aus dem Post heraus nicht möglich, weshalb es schwierig ist, Nutzer beispielsweise auf eine Karrierewebseite weiterzuleiten.

Wichtig: Posten Sie bei Instagram nicht wahllos irgendwelche Fotos. Erfolgreich sind Kanäle, die eine pfiffige Idee für eine Bilderserie oder eine Aktion mit nutzergenerierten Inhalten umsetzen.

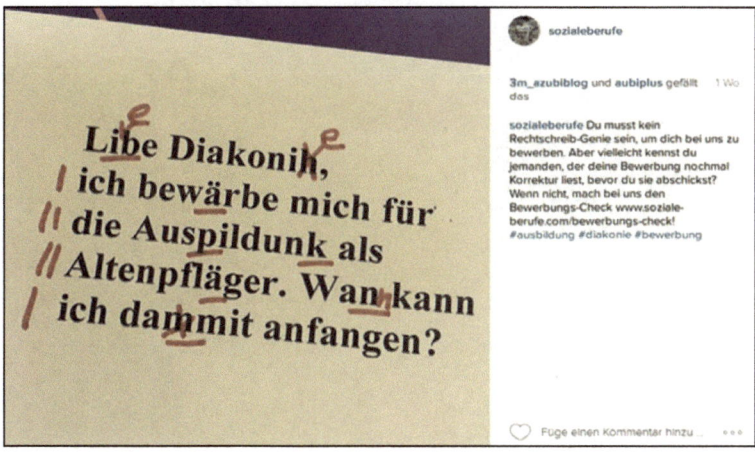

Abbildung 18: Instagram-Post zur Aktion „Bewerbungs-Check" der Diakonie Deutschland, © Diakonie Deutschland

6

Aktive Kandidatensuche und Direktansprache

Fakten belegen: Kaltakquise macht Sinn!

Sozial- und Pflegeeinrichtungen, die bereits vom handfesten Fachkräfte- und Bewerbermangel betroffen sind, haben oft keine Geduld, sich mit dem eher mittelfristig effektiven Personalmarketing oder dem langfristig angelegten Employer Branding via Facebook und Co. aufzuhalten. Sie suchen Methoden, mit denen sie unmittelbar die Bewerberzahlen steigern und Stellen besetzen können.

Das Personalmarketing deshalb völlig außen vor zu lassen, wäre unklug, denn es wirkt nachhaltig und wird Ihnen einen besseren Ruf als Arbeitgeber sowie mehr Initiativbewerbungen einbringen. Auch die klassischen Methoden wie das Schalten von Stellenanzeigen haben flankiert von einer guten Personalmarketing-Kampagne in den sozialen Netzwerken wieder mehr Erfolg.

Gleichzeitig sollten Sie allerdings auch die Methode der aktiven Suche und Direktansprache von Bewerbern professionalisieren. Fortgeschrittene Recruiter nennen das Active Sourcing oder sogar Talent Mining, das wäre dann Active Sourcing mit einer strategischen Kombination aus verschiedenen digitalen Technologien.

Für viele Arbeitgeber stellt die Kaltakquise heute neben der „Mitarbeiter werben Mitarbeiter"-Methode die wichtigste Säule der Personalgewinnung dar. Laut der Studie „Recruiting Trends 2016" sagen 45 Prozent der befragten Bewerber, sie würden lieber von einem Unternehmen angesprochen werden als sich selbst dort zu bewerben. 31 Prozent haben sich, nachdem sie direkt angesprochen wurden, bei Unternehmen beworben, die sie sonst nicht als Arbeitgeber in Betracht gezogen hätten. 20 Prozent wechselten die Stelle, nachdem ein Unternehmen auf sie zugekommen war, obwohl sie gar nicht auf Jobsuche waren. Über 75 Prozent werden durchschnittlich einmal im Monat von einem Unternehmen kontaktiert und gefragt, ob sie nicht dorthin wechseln wollen. Das sollten wir uns einmal vor Augen führen: Zwölf Mal im Jahr wird ein durchschnittlicher Bewerber von Arbeitgebern angesprochen, ob er nicht vielleicht Lust habe, bei ihnen anzufangen. Ist die Person nun tatsächlich unzufrieden mit ihrem aktuellen Job, hat sie also jede Menge Gelegenheiten, daran etwas zu ändern, ohne auch nur eine einzige Stellenbörse aufzusuchen.

Erinnern Sie sich an das Grundbedürfnis der Bewerber von heute: dass ihnen der Job bitteschön in den Schoß fallen möge? Nun, in vielen Fällen tut er das. Sorgen Sie dafür, dass das auch Ihren neuen Mitarbeitern so ergeht!

Beispiel:

Laut „Krankenhaus Barometer 2015" erfolgt in 39 Prozent der Krankenhäuser die Personalakquise für die kaufmännische Leitung durch eine gezielte Ansprache. Dies ist die am häufigsten genutzte Methode. Erst danach folgen die Kandidatensuche über eine Stellenanzeige (34 Prozent), über eine Personalagentur (20 Prozent) und über interne Besetzungen oder Nachfolgeregelungen.

Der „Active Sourcing Report 2016 Personalberatungen" unterstützt den Befund, dass die Direktansprache mit 63 Prozent bisher am häufigsten bei der Einstellung von Führungskräften genutzt wird.

Und noch ein nettes Ergebnis am Rande: 67 Prozent der befragten Personalberater geben an, dass Active Sourcing „richtig Spaß macht". Wann haben Sie Ihren Personaler das zuletzt über seine Arbeit sagen hören?

7

Wo im Internet kann ich Bewerber finden und direkt ansprechen?

In Karrierenetzwerken

XING, LinkedIn oder squeaker.net wurden von den Machern eigens dafür ersonnen, Arbeitgeber und Bewerber miteinander ins Gespräch zu bringen. Es handelt sich um Lebenslaufdatenbanken, die zusätzlich die Möglichkeit des Netzwerkens und Kommunizierens ihrer Mitglieder untereinander bieten.

Auch pflegerische oder pädagogische Fachkräfte sind dort inzwischen in nennenswerter Anzahl zu finden. Eine Stichprobe im Herbst 2016 ergab jeweils rund 500 Treffer für die Suchbegriffe „Altenpfleger Berlin" beziehungsweise „Pflegefachkraft Berlin".

> **Hörtipp:**
> Hören Sie hier das Audio-Interview „Gesucht und gefunden: Agaplesion Bethanien Diakonie rekrutiert Altenpflegefachkräfte über XING": http://bit.ly/1geazLJ.

LinkedIn ist in der Branche noch weniger bekannt, galt es doch in den vergangenen Jahren eher als Netzwerk für internationale berufliche Netzwerke. Im Herbst 2016 fanden sich jedoch immerhin schon 642 Personen deutschlandweit zum Begriff „Pflegefachkraft" und 3.250 Personen zum Begriff „Krankenpfleger".

Der Vorteil der Direktansprache über Karrierenetzwerke ist, dass die Kandidaten es dort (im Gegensatz zu sozialen Netzwerken) erwarten beziehungsweise wünschen, von Arbeitgebern kontaktiert zu werden.

In Lebenslaufdatenbanken

Reine Lebenslaufdatenbanken listen Bewerberprofile nur auf, ohne dass das Netzwerken untereinander im Fokus steht.

Bei stepstone.de heißt dieser Bereich beispielsweise „DirectSearch Database". Gegen eine monatliche Gebühr können ihn Arbeitgeber nach passenden Bewerbern durchsuchen. Zu den Top 10 Berufsgruppen, die dort mit Bewerberprofilen vertreten sind (u. a. Ingenieure, technische Berufe und IT-Berufe) gehören die Sozial- und Pflegeberufe allerdings nicht. Weitere Lebenslaufdatenbanken bieten monster.de, jobs.de und viele mehr.

> **Tipp:**
> Für unsere Branche steht der Anbieter siiwii.com in den Startlöchern, der 2017 mit einer Lebenslaufdatenbank für das Gesundheitswesen starten will.

Weitere Start ups wie jobufo.com bieten Bewerberpools, die XING schon wieder alt aussehen lassen. Berufseinsteiger zwischen 18 und 24 Jahren präsentieren sich hier mit Video und knackigkurzem Profil. Stellengesuche von wechselwilligen Fachkräften aus dem Sozial- und Pflegebereich gibt es zudem auf medi-jobs. de, kalaydo.de, und auf zahlreichen anderen Kanälen – googeln Sie zum Beispiel „Stellengesuche + Pflege".

Aber Vorsicht: Bei kleineren oder kostenlosen Angeboten finden sich häufig auch unechte Profile, eingestellt von unseriösen Vermittlern für Pflegekräfte aus dem Ausland.

In sozialen Netzwerken

An der Frage, ob man bei Facebook Bewerber direkt ansprechen sollte, scheiden sich die Geister. Auch die widersprüchlichen diesbezüglichen Studienergebnisse tragen nicht eben zur Klärung bei:

- Laut der „Social Media Personalmarketing Studie 2016" lehnen 47 Prozent der Kandidaten die Ansprache über diesen Weg strikt ab. Schließlich handelt es sich um ein Netzwerk, in dem man privat unterwegs ist und nicht von Arbeitgebern überwacht werden möchte.

- Die Studie „Social Recruiting Trends 2016" stellt dagegen eine zunehmend positive Einstellung von Bewerbern zur Bewerberansprache in sozialen Netzwerken fest. Über Facebook nicht nur mit Urlaubsfotos seiner Bekannten, sondern auch mit Werbung von Unternehmen überhäuft zu werden, daran haben sich die Nutzer inzwischen gewöhnt. Dementsprechend sind sie auch nicht mehr allzu überrascht, wenn Arbeitgeber dort auf sie zukommen. Noch mehr Fingerspitzengefühl als in den anderen genannten Kanälen ist dazu jedoch vonnöten.

7

Mit Profi-Tools („Talentsuchmaschinen")

Wer die direkte Kandidatenansprache zur zentralen Säule seiner Personalbeschaffungsstrategie ausbauen möchte, kann sie mit kostenpflichtigen Werkzeugen noch weiter professionalisieren.

Der XING Talentmanager und der LinkedIn Recruiter bieten Zusatzfunktionen und Zugriff auf qualitativ hochwertige Bewerberprofile aus dem jeweiligen Netzwerk.

Die in Kapitel 3 über „Big Data im Recruiting" bereits erwähnten Anbieter wie talentwunder.com (alle Branchen), talentBin.com (nur für ITler und Webdesigner), entelo.com und textkernel.com (beide englischsprachig) durchforsten auf der Suche nach passenden Kandidaten für eine freie Stelle nicht nur ein einzelnes Netzwerk wie beispielsweise XING, sondern hunderte von Online-Kanälen.

Hürden und Tricks der aktiven Kandidatensuche und Direktansprache

Grundsätzlich ist das so genannte Active Sourcing, also die aktive Suche nach Kandidaten und ihre direkte Ansprache im Internet, keine Hexerei – auch in digitalen Dingen unerfahrene Personaler können sich relativ schnell damit vertraut machen: Sie melden sich auf den einschlägigen Onlineplattformen an, suchen Bewerberprofile, die zu Ihrer freien Stelle passen könnten, und schreiben den Personen eine Nachricht. Wenn Sie Glück haben, melden sich die Personen zurück und Sie können, nachdem Sie einige Nachrichten ausgetauscht haben, ein Vorstellungsgespräch vereinbaren.

Es gibt jedoch einige Hürden, auf die Sie vorbereitet sein sollten. Zuallererst ist die kostenfreie Nutzung von Kanälen wie XING und Co. für Bewerber wie Arbeitgeber begrenzt. Ohne ein kostenpflichtiges Premiumprofil können Sie pro Monat teils nur eine bestimmte Anzahl an Kandidaten anschreiben oder mit den Kandidaten nur eine bestimmte Menge an Nachrichten austauschen. Auch das Unternehmensprofil bietet in der kostenlosen Variante nur wenige Funktionen. Die Premiumprofile sind wiederum nicht billig. Aber immer noch kostengünstiger, wie rund 31 Prozent der befragten Personaler in der „Social Media Personalmarketing Studie 2016" angeben, als die Ausschreibung des Jobs mittels einer Stellenanzeige.

Um passende Kandidaten zu finden, braucht es ein wenig Übung. Diejenigen, die Sie mit wenigen Klicks auf Suchanfragen wie „Altenpfleger München" aufgelistet bekommen, haben sicher auch andere Arbeitgeber schon gefunden und angesprochen. Die Topkandidaten, deren Lebensläufe besonders gut wirken, werden garantiert ebenfalls mit Angeboten überhäuft. Wenn Sie auf solche Personen zugehen, was man durchaus machen kann, müssen Sie sich außerordentlich Mühe mit Ihrer ersten Nachricht geben, um sich von anderen Arbeitgebern abzuheben und Interesse zu wecken. Oder aber Sie schauen sich einmal diejenigen an, die nicht auf den ersten Blick überzeugen. Denn jemand, der nicht besonders internetaffin ist und daher vielleicht ein unvollständiges oder laienhaftes XING-Profil veröffentlicht hat, möglicherweise sogar eins ohne Foto, muss ja kein schlechter Erzieher oder Altenpfleger sein.

Es ist ohnehin ein Fehler anzunehmen, dass die Lebensläufe und Bewerberprofile, die man online so findet, alle immer vollständig und korrekt ausgefüllt wären und man darum mit den naheliegenden Suchworten alle relevanten Personen fände. Genau das Gegenteil ist der Fall. Um Bewerber aufzuspüren, können Sie darum Arbeitsfelder (Geriatrie), besondere Merkmale der Klientel (Demenz) oder Kompetenzen, die in Fortbildungen erworben worden sein könnten (Wundmanagement), als Suchbegriffe ausprobieren. Oder geben Sie den Namen der Software ein, mit der in Ihrer Einrichtung die digitale Pflegedokumentation erledigt wird – vielleicht hat ein Kandidat, der aus irgendwelchen Gründen nicht über den Schlüsselbegriff „Pflegefachkraft" zu finden ist, die Software als besondere Fähigkeit angegeben? Auch lohnt es sich, sofern in dem jeweiligen Kanal zugänglich, einmal die Freundes- oder Netzwerkliste eines vielversprechenden Kandidaten zu durchsuchen. Ein Erzieher in Hamburg kennt mit großer Wahrscheinlichkeit noch andere Erzieher in der Stadt, auf die Sie zugehen könnten.

7

Mit Profi-Tricks versteckte Bewerber finden

Es gibt viel mehr Kandidaten in Karrierenetzwerken, sozialen Netzwerken und Lebenslaufdatenbanken, die als Mitarbeiter für Sie interessant sein könnten, als Sie auf den ersten Blick denken. Mittels einiger Profi-Tricks werden auch diese „Hidden Talents", also versteckten Bewerber, für Sie sichtbar:

- Ein guter Trick, um mehr Kandidaten zu finden, ist es, nicht nur die naheliegenden Suchbegriffe wie „Pflegefachkraft", „Altenpfleger", „Gesundheits- und Krankenpfleger" oder „Pflegehelfer" einzugeben, sondern auch Übersetzungen dieser Begriffe in andere Sprachen ("elderly care") sowie Synonyme zu diesen Begriffen. Beispiel: Während eine Such-Stichprobe bei XING für die Suchbegriffkombination "Kranken**pflegerin** Berlin" 1.200 Bewerberprofile brachte, brachte die Suche nach "Kranken**schwester** Berlin" 2.200 Bewerberprofile – über achtzig Prozent mehr (Stand Herbst 2016)! Synonyme finden Sie mit Tools wie openthesaurus.de oder wie-sagt-man-noch.de.

- Dasselbe Spiel bei LinkedIn: 1.700 Bewerberinnen deutschlandweit unter dem Stichwort "Kranken**pflegerin**", 6.000 unter dem Stichwort "Kranken**schwester**"! Obwohl die korrekte Berufsbezeichnung "Gesundheits- und Krankenpflegerin" lautet und Personen, die diesen Beruf erlernt haben, dies am besten wissen müssten, haben sich offenbar viele unter der umgangssprachlichen Berufsbezeichnung "Krankenschwester" registriert. Ähnliches ist im Bereich Erziehung mit dem Begriffspaar Erzieherin/Kindergärtnerin zu beobachten.

- Pflegekräfte, die aktuell nicht in ihrem gelernten Beruf arbeiten und darum vielleicht als Call Center Agent oder Verkäufer gelistet sind, finden Sie, indem Sie die Namen von Pflegefachschulen aus der Region eingeben. Hat ein Kandidat in seinem Lebenslauf die Ausbildungsstätte hinterlegt, an der er einmal gelernt hat, sollte er in der Ergebnisliste auftauchen. Vielleicht ist sein Ausstieg noch gar nicht allzu lange her und er lässt sich durch ein freundliches Angebot überzeugen, in seinen ursprünglichen Beruf zurückzukehren?

- Pflegekräfte, die nicht aus Ihrer Region kommen, können trotzdem interessant für Sie sein – vielleicht sind sie für einen Umzug zu begeistern? Die Wahrscheinlichkeit ist größer, wenn im Lebenslauf bereits verschiedene Karrierestationen in verschiedenen Regionen erkennbar sind oder wenn die Person unter dreißig ist und möglicherweise noch keine Familie hat. Wenn Sie eine solche Person anschreiben, sollten Sie in Ihrer ersten Nachricht auf die Vorzüge Ihrer Region eingehen. Jemand, der vor zwanzig Jahren im selben Ort zur Schule gegangen ist, in dem er heute arbeitet, wird dagegen wahrscheinlich eher nicht umziehen wollen.

Noch weiter professionalisieren können Sie Ihr Active Sourcing mit der so genannten „Booleschen Suche". Darunter versteht man die Steuerung einer Suchfunktion durch komplexe Suchbefehle. Das bedeutet, man gibt nicht nur einzelne Schlagworte wie „Pflegefachkraft Berlin" ein, sondern kombiniert mehrere Suchbefehle zu Suchketten, um bessere Ergebnisse zu erhalten. Ein zusätzlicher Vorteil dieser Methode, abgesehen davon, dass man dadurch mehr Kandidaten findet, ist, dass man nicht nach jedem Stichwort einzeln suchen und die Ergebnislisten am Ende auch nicht vergleichen muss, um doppelte Nennungen auszusieben. Manchmal ist es erfolgreicher, per Boolescher Suche in Google nach Personen in XING zu fahnden als direkt in XING (der Fachbegriff dafür lautet „X-Ray-Suche"). Und so sieht das zum Beispiel aus:

Beispiel:

site:xing.com inurl:profile (Lebenslauf OR CV OR "Curriculum Vitae") (Pflegefachkraft OR "Gesundheits- und Krankenpfleger" OR Altenpfleger) AND (Berlin "+4930" OR "004930" OR "030")

Auf diesen Suchbefehl werden über Google Personen mit XING-Profilen gefunden, die als Beruf Pflegefachkraft, Gesundheits- und Krankenpfleger oder Altenpfleger angegeben und einen Lebenslauf online gestellt haben und bei denen erkennbar ist, dass sie aus Berlin kommen, weil sie entweder das Wort Berlin als Herkunftsort eingegeben haben oder über die Vorwahl ihrer Telefonnummer als Berliner identifizierbar sind. Der Suchbefehl Pflege* würde Suchergebnisse aufzeigen, die das Wort Pflege mit allen möglichen Endungen enthalten: Pfleger, Pflegerin, Pflegefachkraft, Pflegehelfer und so weiter.

7

Wer Active Sourcing mit dieser Fortgeschrittenentechnik durchführen möchte, sollte ein Einführungsseminar dazu besuchen, denn es braucht einiges Grundlagenwissen, um die Methode richtig anzuwenden.

Noch eine Stufe weiter als die Boolesche Suche geht dann die so genannte semantische Suche, für die es Anwendungen wie die oben genannten Profi-Tools braucht. Diese suchen nicht nur nach den Schlüsselwörtern, die Sie eingegeben haben, sondern berücksichtigen die inhaltliche Bedeutung Ihrer Suchanfrage, können Synonyme zuordnen, Assoziationen herstellen und Hintergrundwissen einberechnen – und damit Ihre Suchergebnisse gleichzeitig noch zahlreicher und noch genauer machen.

Nachhaltiges Active Sourcing für den Talentpool

Unter anderem, weil es so aufwändig ist, passende Kandidaten zu finden, kostet die Methode des Active Sourcing sehr viel Zeit. Laut „Active Sourcing Report 2016 Personalberatungen" verbringen 31 Prozent der befragten Recruiter zehn bis zwanzig Stunden pro Woche damit (meistgenannte Antwort), im Durchschnitt sind es 13 Stunden pro Woche. 53 Prozent der Personaler geben in der „Social Media Personalmarketing Studie 2016" als Nachteil des Active Sourcing den hohen Zeitaufwand an. 48 Prozent sagen, die Lebenslaufdatenbanken und Karrierenetzwerke seien „überfischt", weil dort zu viele Arbeitgeber auf Kandidatenfang gingen.

Die aktive Kandidatenansprache ist darum kein Weg, den Sie nur beschreiten sollten, um aktuelle Vakanzen zu besetzen. Vielmehr sollte er langfristig und nachhaltig angelegt sein, um den einrichtungseigenen Talentpool mit geeigneten Bewerbern zu füllen, die man im Falle einer freien Stelle zügig anfragen kann.

7

Infobox: Talentpool

Ein Talentpool ist eine selbst angelegte Bewerberdatenbank, in der Sie Kontaktdaten und Informationen von Personen sammeln, die zu einem späteren Zeitpunkt als Mitarbeiter infrage kommen.

Wichtig: Wenn Daten, die Sie aus Bewerbungsunterlagen gewonnen haben, dauerhaft in Ihrem Unternehmen gespeichert werden sollen, müssen Sie aus datenschutzrechtlichen Gründen den Absender der Unterlagen darüber informieren und um seine Einwilligung bitten. Gewährt er diese nicht, müssen Sie sämtliche Bewerberdaten nach ca. sechs Monaten löschen.

Laut der Studie „Recruiting Trends 2016" arbeiten 56 Prozent der Topunternehmen in Deutschland mit professionellen Talentpools, durchschnittlich enthalten diese Talentpools 350 Bewerberprofile. Darunter Initiativbewerbungen, Bewerber, die in früheren Bewerbungsprozessen eine Absage erhalten oder das Jobangebot abgelehnt haben, ehemalige Praktikanten, Auszubildende und Mitarbeiter und eben Kandidaten, die in den Karrierenetzwerken angesprochen wurden. Talentpools sind jedoch nur dann von Nutzen, wenn sie aktuell gehalten und die Kontakte darin gepflegt werden.

Wie spreche ich Kandidaten richtig an?

Haben Sie nun mit den Tipps und Tricks aus dem vorangegangenen Abschnitt die Kandidaten, die Sie direkt ansprechen möchten, identifiziert, ist der nächste Schritt, ihnen tatsächlich eine Nachricht zu senden. Bevor Sie das tun, sorgen Sie dafür, dass Ihre Unternehmensprofilseite und auch Ihr persönliches Recruiter-Profil im entsprechenden Kanal vollständig angelegt und gut gepflegt sind und dass Sie bereits ein Netzwerk aus einigen Dutzend Freunden oder Kontakten geknüpft haben. Nur wenn Sie Seriosität ausstrahlen, haben Sie die Chance, dass sich die Kandidaten, die Sie ansprechen, auch zurückmelden. Die Erfolgsquote bei der Kaltakquise kann laut „Active Sourcing Report 2016 Personalberatungen" nämlich sehr unterschiedlich sein, je nachdem wie professionell der Recruiter vorgeht. Manche vermelden eine Antwortquote von unter 5 Prozent, andere von über 50 Prozent, durchschnittlich sind es 26 Prozent.

7

Die Direktansprache über digitale Kanäle bietet gewisse Vorteile gegenüber der Direktansprache von Angesicht zu Angesicht zum Beispiel auf einer Karrieremesse. Wenn ein Personaler an einem Messestand mit einem Messebesucher ins Gespräch kommt, weiß er zunächst überhaupt nichts über ihn. Wenn er über einen Onlinekanal Kontakt zu einem potentiellen Bewerber aufnimmt, hat er die Gelegenheit, vorher schon Informationen über die Person zusammenzutragen. Er hat mindestens das Profil in einem Karrierenetzwerk oder einer Lebenslaufdatenbank gesehen, durch das er auf die Person aufmerksam geworden ist und das den beruflichen Werdegang mehr oder weniger ausführlich beschreibt. Vielleicht hat er auch überprüft, ob die Person in anderen Onlinekanälen wie Facebook Spuren hinterlassen hat. Daraus ergeben sich wunderbare Anknüpfungspunkte für die erste Kontaktaufnahme.

Sie sollten sich darüber im Klaren sein, welche realistischen Erfolgserwartungen Sie haben dürfen. Laut „Active Sourcing Report 2016 Personalberatungen" identifizieren die befragten Recruiter im Durchschnitt 148 Personen, die grundsätzlich auf ihre aktuelle Suche passen, sprechen davon 64 Ausgewählte an, bekommen 17 Antworten, davon drei positiv und davon wiederum eine, aus der eine Bewerbung wird. Laut der Studie „Recruiting Trends 2016" muss ein Personaler für einen neuen Mitarbeiter mit durchschnittlich 24 Kontakten individuell kommunizieren. Je nach Branche sind es auch doppelt so viele. Wenn sich ein Kandidat nicht zurückmeldet, kann das unterschiedlichste Gründe haben: Vielleicht ist er zufrieden bei seinem aktuellen Arbeitgeber, auch wenn er in seinem Profil vielleicht (aus Versehen?) noch als arbeitssuchend markiert ist. Vielleicht schaut er nicht regelmäßig bei XING oder wo auch immer Sie ihn ansprechen vorbei und hat die E-Mail-Benachrichtigungen abbestellt. Vielleicht hat ihm Ihre Nachricht nicht gefallen. Vielleicht bekommt er zu viele Anfragen von potentiellen Arbeitgebern, um sich mit jeder einzelnen auseinandersetzen zu können. Oder oder oder.

7

Um Ihre Chancen auf eine Antwort zu erhöhen, sind ein paar Dinge zu beachten – man könnte sie unter dem Motto „Klasse statt Masse" zusammenfassen.

So sollte die Direktansprache jedenfalls nicht aussehen:

Sehr geehrte Frau Schäfer, ich suche für mein Team neue Mitarbeiter im Bereich Personalaufbau. Ihrem Profil konnte ich entnehmen, dass Sie für Jobangebote offen sind. Sie würden gut in mein Team passen, und das macht mich neugierig auf Ihre Person. Daher meine Frage, hätten Sie Interesse an ein Jobangebot. Die Aufgaben wären unter anderem Mitarbeiter zu führen und zu unterstützen, managen, planen, organisieren. Sollten Sie interessiert sein, würde ich Sie gerne zu einem persönlichen Gespräch in mein Büro einladen, gerne auf einen Kaffee. ☺

Mit freundlichen Grüßen

Diese Nachricht, die ich selbst über XING bekommen habe, lässt nicht erkennen, dass sich die Personalerin wirklich mit meinem Profil beschäftigt hätte – mit keinem Wort geht sie auf meine konkreten Projekte oder bisherigen Arbeitgeber ein. Eher wirkt es so, als würde sie dieselbe Nachricht vielfach verschicken. Die Behauptung, ich würde gut in ihr Team passen, scheint unter diesen Umständen weit hergeholt. Die Aufgabenbeschreibung ist unkonkret und umfangreich. Was ich genau machen soll und um was für eine Art Arbeitgeber es sich handelt, wird nicht klar – nur dass ich viel zu tun haben werde, klingt durch. Die distanzierte Begrüßung („Sehr geehrte") passt mit dem Angebot eines Kaffees und dem Smiley nicht zusammen. Grundsätzlich bin ich persönlich ein Freund des lockeren Umgangs auch mit neuen Kontakten, doch wenn er nur aufgesetzt und nicht wirklich gelebt wirkt, reagiere ich allergisch darauf. Und nicht zuletzt: Hinter der Frage „Hätten Sie Interesse an einem Jobangebot" steht kein Fragezeichen. Es mag ein Versehen sein, doch der Punkt wirkt sehr unsympathisch. Ohne echte Frage fühle ich mich als Bewerber auch nicht dazu berufen, der Dame etwas zu erwidern. Und so ist ihre Anfrage unbeantwortet geblieben.

Dieses gelungene Beispiel für eine erste Kontaktaufnahme stammt aus dem Blog von Recruitingcoach Henrik Zaborowski (hzaborowski.de):

7

Beispiel:

Hallo, Herr xy! Ich bin gerade auf Ihr Profil aufmerksam geworden. Ich vermute mal, für ein Gespräch über den Berufseinstieg ist es noch etwas zu früh, aber wenn Sie Lust haben, können wir gerne in Kontakt bleiben? Einer meiner Kollegen im Unternehmen, Herr xy, kommt wie Sie von der Uni xy und ist auch hier auf XING. Fühlt sich bei uns wohl und macht einen super Job ;-). Ach so, kurz zu uns: Wir sind …

Hier ist erkennbar, dass sich der Recruiter mit dem Lebenslauf des Kandidaten auseinandergesetzt und festgestellt hat, dass dieser demnächst seinen Hochschulabschluss machen wird. Er hat frühzeitig damit begonnen, eine Bindung aufzubauen, die sich zu einem späteren Zeitpunkt hoffentlich auszahlen wird. Zudem hat er einen individuellen Bezugspunkt gefunden, ein Gesprächsthema, an das sich in zukünftigen Nachrichten wunderbar anknüpfen lässt: einen möglichen gemeinsamen Kontakt. Tatsächlich antwortete der Kandidat in diesem realen Praxisbeispiel, dass er Herrn xy von der Uni sehr gut kenne. Wohl wissend, dass Arbeitgeberempfehlungen von Freunden immer noch die schlagkräftigsten Arbeitgeberwechsel-Argumente sind, hat der Recruiter mit seiner Taktik ins Schwarze getroffen. Er darf darauf hoffen, dass der angesprochene Kandidat den gemeinsamen Bekannten nun ansprechen und zu seinem Arbeitgeber befragen wird. Geschickter kann man einen Bewerberkontakt kaum anbahnen.

Weitere Beispiele für gelungene Einstiegssätze:

- Ich habe den Titel Ihrer Bachelorarbeit gesehen, der passt gut zu dem, was wir in unserer Einrichtung vorhaben …

- Wir haben Stelle xy zu besetzen. Kennen Sie jemanden, der dafür infrage kommt?

- Sie nutzen Ihr XING-Profil recht wenig. Heißt das, Sie sind zufrieden bei Ihrem derzeitigen Arbeitgeber? Wenn nicht, hätten wir ein Angebot für Sie …

- Sie waren ein Jahr zum Studium in Kanada? Ich habe dort auch einige Zeit verbracht …

- Station xy in Ihrem Lebenslauf beeindruckt mich sehr, weil …

- Wie ich in Ihrem Profil sehe, waren wir auf demselben Recruiting-Event …

7

Tipps für die Direktansprache von Bewerbern bei XING & Co.

- Geben Sie sich Mühe bei der **Auswahl** der Kandidaten, die Sie anschreiben. Stecken Sie lieber mehr Energie in wenige Kontakte als es mit dem oberflächlichen Rundumschlag zu versuchen.

- Erwiesenermaßen ist montags und dienstags morgens die Aktivität auf Stellenbörsen am höchsten. Am Wochenende haben sich die Arbeitnehmer überlegt, dass die Frustration im derzeitigen Job so hoch ist, dass sie etwas ändern möchten. Demnach ist es sinnvoll, die Direktansprache für den **Anfang der Woche** einzuplanen.

- Schreiben Sie jedem Kandidaten eine **individuelle Nachricht**, anstatt den Text einfach zu kopieren. Auch wenn natürlich bestimmte Bausteine der Nachricht übernommen werden können, braucht doch jede Nachricht zumindest einen individuellen Einstieg und eine aufmerksamkeitsstarke Überschrift/Betreffzeile. Gleich der erste Satz muss neugierig machen – selten lesen die Kandidaten Ihre Nachricht aufmerksam bis zum Ende. Führungskräfte sollten direkt von der Geschäftsführung angeschrieben werden, nicht vom Recruiter.

- Gehen Sie konkret auf das **Profil des Kandidaten** ein, indem Sie Rückfragen zu Stationen in seinem Lebenslauf stellen oder gemeinsame Bekannte erwähnen. Jeder möchte spüren, dass er persönlich gemeint ist und Sie sich mit seinem Profil auseinandergesetzt haben. Laut der Studie „Recruiting Trends 2016" wünschen sich Bewerber in einer Direktansprache vor allem die Bezugnahme auf ihre **eigenen Projekte** und Fähigkeiten.

- Laut „Active Sourcing Report 2016 Personalberatungen" machen erfolgreiche Personaler, die auf mindestens 40 Prozent ihrer Anfragen bei Bewerbern eine Rückmeldung erhalten, beim Active Sourcing folgende Dinge richtig: Sie sprechen den Kandidaten auf persönliche Angaben aus seinem Profil an, die auf die konkrete freie Stelle passen. Sie geben nur **vage Informationen** über die zu besetzende Stelle, um neugierig zu machen, verraten aber nicht zu viel

7

und schicken auch keinen Link zur Stellenanzeige mit. Sie geben persönliche Informationen über sich selbst preis.

- Sprechen Sie Ihre Wunschkandidaten **frühzeitig** an. Studierenden im Bachelor Soziale Arbeit oder Pflege können Sie bereits ein Jahr vor dem voraussichtlichen Abschluss eine Stelle anbieten. Vielleicht brauchen sie auch einen Platz für ein Pflichtpraktikum oder möchten die Semesterferien zum Hospitieren nutzen.

- Bieten Sie dem Kandidaten zuerst ganz uneigennützige **Nutzwertinfos**, bevor Sie im zweiten Schritt Ihr eigentliches Anliegen vortragen: „Wir haben für Sie einmal alle Fortbildungen aufgelistet, die für Sie als Altenpfleger/ Heilerziehungspfleger/Ergotherapeut infrage kommen, vielleicht hilft Ihnen das bei Ihrer Karriereplanung?"

- Seien Sie darauf vorbereitet, dass sich vom Profil her vielversprechende Kandidaten im direkten Kontakt als **unpassend** erweisen könnten. Dann müssen Sie sich vorsichtig aus der Affäre ziehen, ohne den Kandidaten zu verärgern. Im schlimmsten Fall könnte er sonst einen negativen Erfahrungsbericht über Ihr Unternehmen im Arbeitgeberbewertungsportal verbreiten. Am besten gelingt das, wenn Sie gleich in der Einstiegsnachricht klarmachen, dass Sie damit noch kein konkretes Jobangebot unterbreiten, sondern zunächst in Erfahrung bringen möchten, ob seine und Ihre Werte und Ziele zusammenpassen. So können Sie später darauf Bezug nehmen und sagen, dass das leider nicht der Fall war.

- Formulieren Sie eine **interessante Überschrift**, nutzen Sie darin Emojis oder Sonderzeichen.

7

Bewegtbild im Recruiting

8

Bewegtbildkonzept – Pflicht in Ihrer Recruiting-strategie

Nichts ist für Bewerber so ernüchternd wie eine Karrierewebseite oder ein Unternehmensprofil bei Facebook ohne Videos.

Bewegtbild bietet die beste Chance, sie emotional abzuholen und ihnen einen echten Blick hinter die Kulissen zu ermöglichen. Es ist das Tüpfelchen auf dem i, das eine Stellenanzeige von anderen abhebt, und wird in den sozialen Netzwerken viel häufiger geteilt als andere Formate. Es wird auch von verschiedensten Apps und Start ups eingesetzt, um den Berufswahl- oder Bewerbungsprozess einfacher und unterhaltsamer zu gestalten:

Beispiele:

- Watchado.com ist eine Videoplattform, auf der bereits 5.500 Menschen aus über 200 Unternehmen ihre Berufe in immer gleich aufgebauten Videointerviews vorstellen. „3 Ratschläge an dein 14-jähriges Ich", „Was ist das Coolste an deinem Job?" oder „Welche Einschränkungen bringt der Job mit sich?" – diese Fragen beantwortet der YouTuber genauso wie der Pflegedienstleiter.

- Die Anwendungen viasto.com oder talentcube.de sind Video-Apps, mit denen Bewerbungs- oder Vorauswahlgespräche geführt werden können. Bewerber und Personaler müssen dabei nicht gleichzeitig vor der Laptop- oder Handykamera sitzen, sondern können ihren Beitrag zum Dialog zu unterschiedlichen Zeiten leisten. Der Personaler hinterlegt ein Begrüßungsvideo und die Fragen, die er im Vorstellungsgespräch zu stellen gedenkt. Entschließt sich der Kandidat nun zur Bewerbung, schaut er sich die Begrüßung an und beantwortet die Fragen ebenfalls per Video. Um die realen Bedingungen eines Vorstellungsgesprächs zu simulieren, ist der Vorgang so eingerichtet, dass der Bewerber spontan antworten muss und sich nicht etwa ausführlich vorbereiten kann. Nachdem die entsprechende Frage eingeblendet wird, hat er eine kurze Bedenkzeit, dann startet die Aufnahme. Wichtig ist auch

8

> der standardisierte Bewertungsbogen, mit dem sich die Bewerbungsvideos am Ende vergleichen lassen.
>
> - Über die Videostellenanzeigen bei 66seconds.com oder jobsaround.tv hatten wir bereits gesprochen, die Stichprobe bei YouTube darf auch nicht fehlen: Im Herbst 2013 fanden sich dort 86.800 Filme zum Suchwort „Pflege", drei Jahre später, im Herbst 2016, sind es bereits 308.000 Filme.

Kurz und gut: Ein Bewegtbildkonzept gehört darum zu Ihrer Recruitingstrategie auf jeden Fall dazu.

Video-Formate im Recruiting

- **Employer Branding-Film**: Im Gegensatz zum Imagefilm, der Ihre Einrichtung eher für Kunden und die interessierte Öffentlichkeit vorstellt und das Thema Karriere vielleicht am Rande streift, stellt der Employer Branding-Film Ihre Einrichtung ganz konkret für die Zielgruppe Bewerber vor. Beispiele: Die völlig unterschiedlich konzipierten Employer Branding-Filme der Firmen Zendesk (Software) http://bit.ly/1Kvp8Fm und Adidas (Sportartikel) http://bit.ly/1Gpa0F8.

- **360-Grad-Video**: Mit einer speziellen Kamera wird die Innenansicht eines Unternehmens aufgenommen. Der Nutzer kann sich per Maus am PC, mit einer „Virtual Reality"-Brille oder indem er sich mit dem Tablet in der Hand hin und her dreht virtuell durch das Unternehmen bewegen beziehungsweise darin umsehen. So bekommt zum Beispiel ein Bewerber auf einer Karrieremesse oder im Internet einen echten Einblick in die Produktionshalle, die Kantine oder die Schulungsräume bei Ihnen vor Ort.

- **Berufefilm**: Stellt – häufig am Beispiel eines Mitarbeiters – einen Beruf vor, der in Ihrer Einrichtung ausgeübt wird. Beispiel: Der Erzieher-Film der Diakonie: http://bit.ly/2fyAY6U.

- **Viraler Spot**: Hat das Potenzial, in den sozialen Netzwerken gerne und häufig geteilt zu werden. Dafür muss er kurz und lustig, bewegend oder überraschend sein oder einen

8

komplexen aktuellen Zusammenhang sehr einfach erklären oder gut auf den Punkt bringen.

▪ **Werbespot**: Auch mit regionaler Werbung im Kino, TV oder auf digitalen Anzeigetafeln im Supermarkt lassen sich Mitarbeiter gewinnen – insbesondere für die Klassiker unter den Sozial- und Pflegeberufen, bei denen es nicht viel zu erklären gibt und für die regelmäßig viele Fachkräfte benötigt werden. Für das Kino muss mit einer besonderen Kameratechnik gedreht werden, das muss bereits bei der Einholung eines Angebots mit bedacht werden. Best Practice-Beispiel: Der Werbespot der Springer AG https://youtu. be/YAbpmkqn6JE

▪ **Mitarbeiterinterview**: Ein schlichtes Interview am Arbeitsplatz, in dem ein Mitarbeiter erzählt, warum er seinen Beruf gerne macht und was er an seinem Arbeitgeber schätzt, können Sie mit Anfängerkenntnissen in der Videoproduktion, kostenloser Schnittsoftware wie dem YouTube-Editor und einfachster Technik selbst machen. Natürlich sind auch hochwertige Mitarbeiterinterviews möglich, wie diese mit dem Queb Award 2015 gekrönten Filme des Juweliers WEMPE http://bit.ly/2ggk11Z

▪ Die reine **Video-Stellenanzeige** (Beispiel: http://bit.ly/ 1RW6QxL) funktioniert im Gegensatz zu einem Video, das in eine Text-Stellenanzeige eingebunden ist, völlig für sich allein. Sie einfach zu produzieren und bei YouTube hochzuladen genügt aber nicht, damit sie von vielen Bewerbern gefunden wird. Wer sich entscheidet, mit Videostellenanzeigen zu arbeiten, muss entweder eine YouTube-Rubrik regelmäßig damit füllen und mit Marketingaktivitäten dafür sorgen, dass sie sich etabliert, oder auf die einschlägigen Kanäle wie 66seconds.com, watchado.com, jobtv24. de, jobsaround.tv zurückgreifen.

▪ Ein **Erklärfilm** zum Beispiel im Strichmännchen-Stil kann komplexe Zusammenhänge einfach erklären. Er bietet sich etwa an, um die Hintergründe hinter Ausbildungsreformen wie zum Beruf Pflegefachfrau/-mann oder den Einstieg mit

8

Hauptschulabschluss in die Sozial- und Pflegeberufe zu veranschaulichen.

- Der **Eventfilm** zeigt Ihre Aktivitäten auf einer Berufemesse oder beim Azubi-Willkommenstag.

- Wenn Sie schon Geld ausgeben, um Filme produzieren zu lassen, vergessen Sie nicht, auch das überschüssige Material zu verwenden. Ein **Making of** mit lustigen Pannen oder kurze **Trailer,** die wie im Kino vorab neugierig auf den fertigen Film machen, können in den sozialen Netzwerken wunderbar platziert werden.

- Nicht jeder Film muss perfekt sein. Sympathisch wirkt auch eine kleine **Umfrage,** handgemacht wie diese zum Thema „Vergütung in den Sozial- und Pflegeberufen": http://bit.ly/2btXUpi

- Nutzen Sie auch **neue Videotechniken,** indem Sie zum Beispiel Ihren Azubis eine GoPro-Kamera spendieren und sie damit ihre Ausbildung dokumentieren lassen.

Produktion und Serienkonzept

Wenn Sie sich für ein Format entschieden haben, geht es an die Produktion und Distribution des Films.

Tipp:
Die Anleitung „Schritte der Videoproduktion" (http://bit.ly/1lXd0FP) kann Ihnen dabei helfen.

8

Wichtig zu wissen: Ein einzelner Film, zum Beispiel ein Employer Branding-Film, der zwischen mehreren tausend und mehreren zehn- oder auch hunderttausend Euro kosten kann, wird nicht ausreichen, um die Bewerber im Sinne des Recruitainments lange bei der Stange zu halten.

Ein Serienkonzept muss her und ein Mitarbeiter, der zumindest mit Smartphonekamera und einem einfachen Schnittprogramm umgehen kann. Keine Sorge, das muss nicht so aufwändig sein, wie es klingt.

Beispiel: _____

Das Alexander-Stift, ein Altenpflegeheim in Großerlach, schafft es mit Bordmitteln und einer engagierten Assistentin der Geschäftsführung, auf Facebook regelmäßig neue Mitarbeitervideos zu präsentieren und damit wunderbar transparent und nahbar auf die Bewerber zuzugehen – aufrufbar über: http://bit.ly/2hlyhkt.

8

Strategie: Womit fangen wir an, wo gehen wir hin?

Schritt für Schritt zu einem zeitgemäßen Recruiting

Viele Trends im Recruiting haben wir angesprochen, andere noch nicht: So gibt es virtuelle Karrieremessen, bei denen Sie Ihren Messestand nicht mehr in stickigen Messehallen aufbauen, sondern online gestalten. Und es gibt die Möglichkeit, Ihre Stellenanzeigen oder Ihr „Mitarbeiter werben Mitarbeiter"-Programm auf jeder Ihnen kostenlos zur Verfügung stehenden Fläche, die viele Augen zu Gesicht bekommen oder die durch viele Hände gehen, zu bewerben. Das Schwarze Brett (ob aus Kork oder digital) ist da längst nicht mehr das Mittel der Wahl, sondern es sind Toilettentüren, Kantinentabletts, Produktverpackungen aus Ihrer Werkstätte für Menschen mit Behinderung oder die Briefumschläge Ihrer Unternehmenspost.

Andere Branchen sind da viel erfinderischer als wir. So hat IKEA schon „Bewerbungs-Anleitungen" in der Aufmachung einer Montage-Anleitung in Regalkisten gesteckt, um ein neu zu eröffnendes Möbelhaus mit Mitarbeitern zu bestücken. Die Deutsche Bahn lässt ihre Schaffner Stellenanzeigen im ICE durchsagen.

Ideen gibt es viele und Personaler, die bloß schulterzuckend da sitzen und denken „Bewirbt sich keiner mehr, herrscht halt Fachkräftemangel, kann ich auch nichts machen", sind definitiv noch nicht in der Gegenwart gelandet. Hier sind die Schritte, die Sie gehen sollten, um dort möglichst bald anzukommen:

Arbeitsliste: Zeitgemäßes Recruiting

- Gibt es eine **Employer Branding-Strategie** in Ihrem Unternehmen? Wissen Sie überhaupt, welche Botschaft Sie im Personalmarketing und Recruiting transportieren sollen? Wenn nicht, regen Sie einen entsprechenden Prozess an.

- Prüfen Sie die **Alleinstellungsmerkmale**, mit denen Sie Ihr Unternehmen bewerben. Sind es nur die typischen Floskeln („Wir bieten angemessene Vergütung / abwechslungsreiche Aufgaben / umfangreiches Gesundheitsmanagement") oder sind es echte, mit Beispielen, Bildern und Mitarbeiter-O-Tönen hinterlegte Besonderheiten, die konkrete Zielgruppen ansprechen?

9

- Evaluieren Sie detailliert die bisher für die Personalgewinnung eingesetzten **Kanäle**: Wie viel Geld geben Sie dafür aus? Wie viele Bewerbungen gehen darüber ein, wie viele gute Bewerbungen gehen darüber ein, wie viele Einstellungen sind direkt auf welchen Kanal zurückzuführen? Und wenn Sie das getan haben, entscheiden Sie: Welche Kanäle sollen weiter genutzt werden und welche nicht?

- Prüfen Sie die **Alternativen**: Welche neuen Kanäle und Methoden sind für Sie von Interesse? Beginnen Sie aber nicht unstrukturiert und aktionistisch, alle möglichen Apps zu bespielen, sondern gehen Sie nach einem Konzept vor: Welchen Kanal oder welche Methode wollen Sie testen, welche Zielgruppe wollen Sie dort erreichen, wie lange soll die Testphase dauern, welche Ziele wollen Sie sich setzen?

- Optimieren Sie den **Bewerbungsprozess** in Ihrem Unternehmen. Lassen Sie sich ins CC setzen, wenn die Sekretärin Bewerberanfragen per E-Mail beantwortet, begleiten Sie Bewerber bei der Hospitation, starten Sie eine Bewerberbefragung. Am allerbesten bewerben Sie sich einmal selbst bei Ihrem eigenen Unternehmen (und der Konkurrenz?). Sehr schnell wird Ihnen klar werden, an welchen Stellen Bewerber unzufrieden mit Ihrem Unternehmen sind.

- Führen Sie eine **Konkurrenzanalyse** durch: Wie sehen die Unternehmenswebseiten, Stellenanzeigen, Facebookprofile anderer Sozial- oder Pflegeeinrichtungen in Ihrer Region aus? Wo können Sie sich etwas abschauen?

- Prüfen und überarbeiten Sie die **Basis** Ihres Recruitings: Ihre Karrierewebseite, Ihre Stellenanzeigen.

- **Digitalisieren** Sie Ihr Bewerber- beziehungsweise Personalmanagement mit einer entsprechenden HR-Software – nur so werden Sie zukunftsfähig!

- **Schulen** Sie alle Mitarbeiter in Ihrer Personalabteilung zu Themen wie „Neue Wege der Personalgewinnung" oder Active Sourcing. Schicken Sie Vertreter Ihrer Einrichtung zu Veranstaltungen wie den „Social Recruiting Days". Stellen Sie wenn möglich einen „echten" Recruiter mit Berufserfahrung in einer anderen Branche ein.

9

Bleiben Sie sich treu!

Am überzeugendsten wirken Personalmarketing- und Recruiting-Maßnahmen, wenn Sozial- und Pflegeeinrichtungen damit die ehrliche Anstrengung verbinden, ihr Unternehmen zu verbessern. Wenn es nicht nur darum geht, von irgendwelchen aufgebauschten Arbeitgebervorteilen zu fabulieren, mit denen Fachkräften weisgemacht werden kann, dass selbst die unattraktivste Stelle ein Sahnebonbon sei. Sondern wenn die Attraktivität eines Unternehmens aus Sicht der Bewerber wie von selbst entsteht, weil das Unternehmen echtes Engagement für verbesserte Arbeitsbedingungen zeigt, wie es überall in der Pflege und Pädagogik notwendig wäre. Im folgenden Beispiel lesen Sie, wie das funktionieren kann.

Best Cases – Evangelischer Pflegedienst München e.V.

Wir sind die Guten: Initiative für Ausbildung Altenpflege bietet neues Qualitätssiegel für Einrichtungen

Rund 25.000 Pflegeeinrichtungen in Deutschland hat ein Schulabgänger oder Quereinsteiger, der sich für einen Pflegeberuf interessiert, zur Auswahl. Wieso sollte er sich für Ihre entscheiden? Der Evangelische Pflegedienst München e.V. geht einen neuen Weg, um Bewerber von der Qualität der Ausbildung im Hause zu überzeugen: Geschäftsführerin Angelika Pfab ist Mitinitiatorin der „Initiative für Ausbildung Altenpflege" (initiative-fuer-ausbildung-altenpflege.de).

Frau Pfab, was verbirgt sich hinter der „Initiative für Ausbildung Altenpflege"?

Wir haben 12 Kriterien entwickelt, die eine gute Altenpflege-Ausbildung ausmachen: Es gibt eine feste Ansprechperson für die Azubis in der Pflegeeinrichtung. Die Azubis werden tarifgerecht bezahlt. Die tariflichen Ober- und Untergrenzen des Stundenkontos werden eingehalten. Die Einrichtung stellt eine vorbildliche Ausstattung mit Dienstkleidung und Arbeitsmitteln zur Verfügung. Die Praxisanleiter nehmen sich Zeit für regelmäßige Azubigespräche. Der Ausbildungsplan sowie die Beurteilungsbögen werden für jeden Tätigkeitsbereich intensiv besprochen. Der Einsatz von Feedbackbögen für Auszubildende erleichtert es, Lob und Kritik mitzuteilen und daraus zu lernen. Die Auszubildenden erhalten eigene Verantwortungsbereiche bei der Patientenversorgung oder in der Organisation der Einrichtung. Im 3. Ausbildungsjahr gibt es ein besonderes Azubiprojekt. Die Einrichtung fördert die fachliche Entwicklung durch zusätzliche Lernangebote und praktische Übun-

---

9

gen. Regelmäßige Fallbesprechungen und das Erstellen von Pflegeplanungen fördern das Pflegewissen und bereiten auf eine erfolgreiche Prüfung vor. Die Ausbilder nehmen an den Fortbildungsangeboten der Weiterbildungsinstitute für Pflege und der Initiative für Ausbildung teil. Jungen Menschen und Quereinsteigern, die sich als Auszubildende bei Einrichtungen der „Initiative für Ausbildung Altenpflege" bewerben, garantieren wir, dass die Kriterien eingehalten werden und sie eine wirklich gute Ausbildung bekommen. Wir hoffen, dass wir damit zur Lösung des Imageproblems in der Altenpflege beitragen können!

Was haben Sie in Ihrer Einrichtung geändert, um sich das Siegel zu verdienen?

Da ich selber unterrichte, habe ich früher viele Klagen gehört und weiß, worauf unsere Auszubildenden Wert legen: Sicherheit, Vertrauen, feste Ansprechpartner, ordentliche Bezahlung und gute Praxisanleitung. Und diese Dinge bieten wir ihnen: Wir bezahlen nach Tarif. Wir haben drei Praxisanleiter für fünf Auszubildende, die umfangreich geschult und für die Praxisanleitung freigestellt werden. So haben sie Zeit, mit den Schülern die Dinge, die sie in der Fachschule gelernt haben, praktisch einzuüben, und sie auf die praktische Prüfung vorzubereiten. Wir arbeiten mit Beurteilungsbögen, in denen die Auszubildenden Kritik, Sorgen, Nöte und natürlich auch Lob loswerden können. Dieses Feedback nehmen wir absolut ernst, für Kritik ist immer Zeit. Natürlich haben wir die gleichen Rahmenbedingungen wie alle anderen Pflegeeinrichtungen, auch für uns ist es schwierig. Aber die Haltung macht den Unterschied. Es hat mit der Führung zu tun, ob Ausbildung gut gelingt oder nicht.

Zeigen Ihre Maßnahmen bereits Wirkung?

Wir haben es kürzlich wieder erlebt, dass eine Schülerin mitten in der Ausbildung zu uns gewechselt ist, weil sie mit ihrer vorherigen Ausbildungsstätte unzufrieden war und gehört hatte, dass die Bedingungen bei uns viel besser sind. Inzwischen steht sie kurz vor dem Examen und wir werden sie übernehmen. Die Übernahmegarantie ist ein weiterer Pluspunkt unserer Einrichtung. Erfolge erleben wir auch im politischen Kontext: Die Arbeits- und Pflegeministerien unterstützen unsere Initiative. Und wenn wir unser Siegel „Top-Ausbildungsbetrieb" auf Berufemessen einsetzen, wird das von den Bewerbern wahrgenommen.

Planen Sie noch weitere Maßnahmen?

9

Auch bei uns ist noch nicht alles perfekt. „Initiative für Ausbildung Altenpflege" bedeutet auch, sich ständig weiterzuentwickeln. So sollen unsere Azubis in Zukunft im 3. Ausbildungsjahr noch stärker eigene Verantwortungsbereiche bekommen. Das kann zum Beispiel eine eigene Azubi-Tour sein, also Einsätze der ambulanten Pflege, bei denen nur leichtere Versorgungen notwendig sind, die die Azubis alleine absolvieren können. Außerdem starten wir gerade drei Quartiersprojekte („Wohnen im Viertel"), bei denen sich eigene Verantwortungsbereiche für Azubis ergeben werden.

Das alles passiert aber nur, wenn der Schüler es auch will und sein Praxis-anleiter meint, er sei bereit. Wir haben auch Azubis im dritten Lehrjahr, bei denen das noch nicht funktioniert, die noch Unterstützung brauchen. Aber gerade die 40-jährigen Quer- und Wiedereinsteiger, die schon Lebens-erfahrung mitbringen, sind schon vor Ende der Ausbildung bereit, Verant-wortung zu übernehmen. Und bei manchem jüngeren Azubi stärkt es die Selbstständigkeit und ist es ein tolles Erlebnis, Patienten alleine zu versorgen.

Erfolgsmesszahlen

Ob die neuen Wege der Personalgewinnung, die Sie einschlagen, wirklich Erfolg haben, können Sie nur feststellen, indem Sie vorher Ziele festlegen und nachher evaluieren.

Das hilft Ihnen auch, um übertriebenen Erwartungen seitens der Chefetage etwas entgegenhalten zu können („Nein, ich konn-te die Bewerberzahlen nicht innerhalb von drei Monaten ver-doppeln, aber die Zeit zwischen Personalbedarfsmeldung und Stellenbesetzung hat sich um 25 Prozent verkürzt.").

Und es hilft Ihnen, selbst nicht den Mut zu verlieren, wenn noch nicht gleich morgen die Bewerber in Schlangen vor der Tür stehen. Oder wenn Sie in Ihrer Einrichtung auf hausgemachte Hindernisse stoßen (Abstimmungsschleifen, uneinsichtige Chefs, …).

Denn: Auch mit den neuen digitalen Methoden ist und bleibt es anstrengend und arbeitsintensiv, Mitarbeiter zu finden.

Hier im Folgenden einige mögliche Erfolgskennzahlen, zum Teil entlehnt aus dem Artikel „HR-Controlling: 20 wichtige Recruiting-Kennzahlen im Überblick" von Christoph Athanas aus dem HR-Blog der Unternehmensberatung Meta HR (http://bit.ly/1fFGDBM):

9

Erfolgskennzahlen im Recruiting

- Die Zahl der Bewerber insgesamt, der Bewerber in einem bestimmten Kanal, der Karrierenewsletter-Abonnenten, der (beantworteten) Bewerberanfragen per Mail, Telefon, Social Media oder Kommentarfunktion ist gestiegen.

- Die Karriererubrik Ihrer Unternehmenswebseite bekommt seit der Überarbeitung mehr Klicks. Ihre Karrierewebseite wird bei Google höher gelistet oder erreicht einen besseren Klout-Score unter klout.com. Die Prozentzahl der Nutzer Ihrer Unternehmenswebseite, die in die Karriererubrik klicken oder das Onlinebewerbungsformular abschicken, ist gestiegen (Conversion Rate).

- Das Onlinebewerbungsformular wird häufiger abgeschickt. Ein Download-Angebot (FAQs, Checkliste, Berufe-Flyer) wird häufiger genutzt.

- Ihre karriererelevanten Posts in den sozialen Netzwerken werden häufiger geliket, geteilt und kommentiert. Ihre Kanäle in den sozialen Netzwerken haben mehr Fans.

- Die Kosten für eine neu eingeführte HR- oder Bewerbermanagement-Software haben sich rentiert, weil dadurch geldwerte Arbeitszeit eingespart werden kann (Return on Investment).

- Ein höherer Prozentsatz Ihrer Bewerber bekommt eine Anstellung angeboten, kommt von Wunschkandidaten. Ein höherer Anteil der Bewerber, denen Sie eine Anstellung anbieten, nimmt die Anstellung tatsächlich an.

- Das Image Ihrer Einrichtung als Arbeitgeber hat sich verbessert (vorher-nachher Umfrage). Ihr Unternehmen wird in Zusammenhang mit dem Stichwort Karriere häufiger und positiver im Internet genannt (Auswertung mit Google Alerts oder professionelle Sentiment Analyse).

- Es kommt zu weniger Abbrüchen in der Probezeit, einer längeren Verweildauer der neuen Mitarbeiter im Unternehmen.

- Die Zeit zwischen Eingang und Beantwortung einer Bewerberanfrage, zwischen Personalbedarfsmeldung und Vorstellungsgespräch, zwischen Vorstellungsgespräch und Entscheidung für oder gegen den Bewerber, zwischen Personalbedarfsmeldung und Stellenbesetzung hat sich verkürzt (Time to hire).

- Die Prozentzahl der unbesetzten Stellen hat sich verringert.

- Die Kosten pro Stellenbesetzung (zum Beispiel für das Schalten von Stellenanzeigen, die Nutzung von digitalen

9

Anwendungen/Apps/Tools) haben sich verringert (Cost per hire). Die Kosten pro eingehender Bewerbung haben sich verringert. Es wurde evaluiert, über welchen Kanal die Kosten pro Bewerbung/Stellenbesetzung am niedrigsten sind.

■ Der Anteil der Stellen, die aus dem Talentpool, die durch Mitarbeiterempfehlungen, die durch Active Sourcing-Maßnahmen besetzt werden können, ist gestiegen.

■ Die Kosten, die pro Tag für jede konkrete, nicht besetzte Stelle entstehen, wurden berechnet. So konnte eine Priorisierung der Neubesetzungen vorgenommen oder eine Erhöhung des Recruiting-Etats gerechtfertigt werden.

■ Das jeweilige Team, der Vorgesetzte des neuen Mitarbeiters ist zufriedener mit den Neueinstellungen. Die Mitarbeiterbeurteilung für die neueingestellten Mitarbeiter nach einer festgelegten Zeit fällt positiver aus. Optimalerweise wird mit ausgewertet, über welchen Kanal die guten neuen Mitarbeiter rekrutiert wurden und welcher Mitarbeiter in der Personalabteilung sie rekrutiert hat.

■ Die Prozentzahl der Bewerber/neuen Mitarbeiter, die sich zufrieden über den Bewerbungsprozess äußern, ist gestiegen.

■ Die Anzahl der interessanten Kandidaten, die mittels Active Sourcing gefunden werden, hat sich erhöht (z.B. dadurch, dass ein neuer Kanal genutzt wird oder nachdem der Recruiter eine Fortbildung belegt hat).

■ Die Antwortquote beim Active Sourcing konnte gesteigert werden.

9

Ausblick: Das Recruiting von Morgen

Als kleine Sozial- oder Pflegeeinrichtung können Sie es sich nicht leisten, einen Recruiter einzustellen oder einen Etat für digitale Recruiting-Tools zur Verfügung zu stellen? Das ist verständlich. Leider könnte es, wenn sich daran nichts ändert, dazu führen, dass Sie über kurz oder lang nicht mehr wettbewerbsfähig sind. Neue Mitarbeiter fallen nun einmal nicht von den Bäumen.

Wenn Sie ein professionelles Recruiting nicht auf eigene Beine stellen können, beantragen Sie Fördermittel für ein entsprechendes Projekt. Tun Sie sich mit anderen Mitstreitern aus der Region zusammen und finanzieren Sie gemeinsam eine Kampagne, ein Karriereportal für Pflegekräfte oder Erzieher und jemanden, der sich professionell darum kümmert.

Der Beruf des Recruiters entwickelt sich rasant weiter und vereint viele Kompetenzen in sich, sodass es immer schwieriger wird, ihn neben anderen Haupttätigkeiten oder als Verwaltungsmitarbeiter ohne Ausbildung konkret in diesem Bereich auszuüben. Genauso wie soziale Berufe nicht jeder kann, kann auch nicht jeder rekrutieren. Schon heute ist der Recruiter nicht nur Personalverwalter, sondern auch Psychologe/Lebenscoach, Sales Manager, Social Media-Manager und Kaufmann für Marketingkommunikation in Personalunion.

Darüber hinaus prognostiziert HR-Blogger Robindro Ullah auf hrinmind.de:

> „In drei Jahren wird das Kompetenzprofil eines jeden HRlers Basis-Programmierkenntnisse enthalten."

Die Kandidatensuche im Internet ist so komplex geworden, ob Online-Personalmarketingkampagnen funktionieren oder nicht, hängt von so vielen technischen Gegebenheiten ab und in Big Data/HR Analytics steckt so viel Potential, dass der Recruiter-Beruf um die Kompetenz des IT-Profis erweitert werden muss.

Gleichzeitig soll ein guter Recruiter Kreativkopf sein und mit Ideen für ungewöhnliche Kampagnen und Maßnahmen für Aufmerksamkeit sorgen. So wie das HR-Team des Fahrzeugtechnikent-

9

wicklers BFFT, das Preise dafür einheimste, dass es in einer völlig verrückten Aktion über die Dating-App Tinder Programmierer rekrutierte. Dazu legten die Personaler das Partnersuch-Profil einer nicht real existierenden Frau an, die den Namen einer in Fachkreisen bekannten, längst verstorbenen Pionierin der Rechenmaschinen trug und sich für alles interessierte, was mit IT zu tun hat. Alleinstehenden Programmierern, die ebenfalls auf Partnersuche waren, wurde die Frau von der App als Partnerin vorgeschlagen – denn die dahinterliegende Software folgerte: Mann und Frau, die sich beide für IT interessieren, passen doch bestimmt zusammen! Erst wenn der Kontakt zustande gekommen war, lösten die Personaler von BFFT den Trick auf und erklärten den Programmierern, die sich bei der „Frau" gemeldet hatten, dass sie ihnen zwar nicht die Ehe, aber einen Job anbieten wollten. Mit durchschlagendem Erfolg: Das Profil war nur kurze Zeit online, mehrere Dutzend Programmierer meldeten sich und viele von ihnen wurden eingestellt. Solche Ideen werden wir vermehrt brauchen, um die Aufmerksamkeit der Bewerber zu erhalten.

Verschiedene Experten haben bereits über das Recruiting der Zukunft spekuliert. Auf gruenderszene.de zeichnet der Diplom-Psychologe und promovierte BWLer Nico Rose, tätig bei Bertelsmann, das Bild einer Welt, in der Vorstellungsgespräche per 3D-Videobrille im virtuellen Raum stattfinden und in der jeder gute Initiativbewerber sofort eingestellt wird, auch wenn gerade keine Stelle frei ist – weil es ressourcenschonender ist, einige Monate Gehalt zu viel zu zahlen als später umständliche Recruitingmaßnahmen ergreifen zu müssen, wenn eine Stelle frei, aber kein Bewerber mehr in Sicht ist. Eine Big Data-Software prophezeit in dieser Welt rechtzeitig, wann ein guter Mitarbeiter die Lust verliert und an den Arbeitgeberwechsel denkt, sodass das Unternehmen mit Gehaltserhöhungen oder neuen Aufgaben gegensteuern kann. Das Suchen und Finden von geeigneten Bewerbern läuft per Talentsuchmaschinen und Matching-Tools ohnehin längst automatisch – objektiver und treffsicherer als es jeder menschliche Personaler könnte. Und der „HR-Bot", ebenfalls eine Software, chattet derweil über WhatsApp mit den Bewerbern allwissender als jeder menschliche Berufsberater.

Wenn man über solche Szenarien liest, hat man als Personaler im Sozial- und Gesundheitswesen zwei Möglichkeiten: Entweder man geht in die Abwehrhaltung und erklärt sofort, warum das alles in einer Branche, in der es um die Arbeit mit Menschen geht, nicht funktionieren kann. Oder man denkt sich: „Wow, was da nicht noch alles geht!" und erkennt, dass man in Sachen Personalbeschaffung erst ganz am Anfang steht. Dass der Fachkräftemangel seinen Schrecken verlieren kann angesichts der unendlichen neuen Möglichkeiten, die sich gerade auftun.

Letztere ist die Einstellung, die Ihre Sozial- oder Pflegeeinrichtung in die Zukunft führen wird!

9

Autorenvorstellung

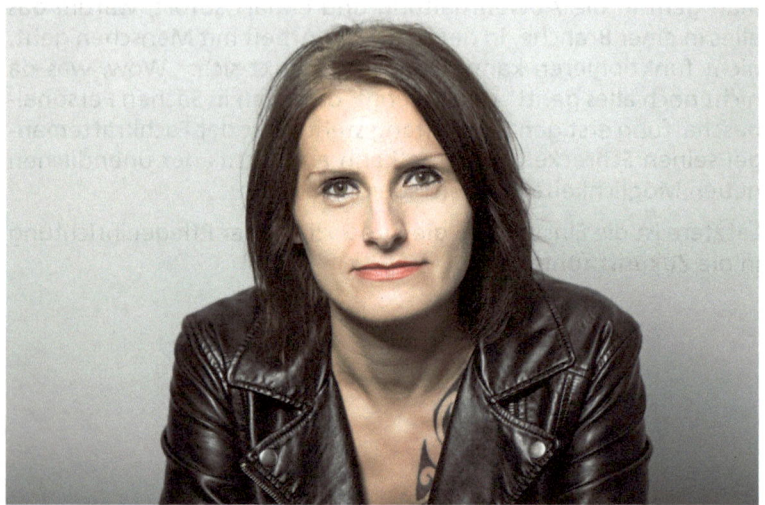

Autorenfoto: Laurin Schmid

Maja Roedenbeck Schäfer (Jahrgang 1976) lebt mit ihren beiden Söhnen in Berlin. Die studierte Anglistin und Publizistin und ausgebildete Hörfunkredakteurin leitet seit 2011 hauptberuflich die Kampagne „SOZIALE BERUFE kann nicht jeder" der Diakonie Deutschland. Als Dozentin zum Thema Recruiting und Personalmarketing ist sie u.a. für die Quadriga-Hochschule und die Bundes- und Führungsakademien für Kirche und Diakonie tätig.

Sie bloggt auf www.personalgewinnung-in-der-pflege.de und schreibt nebenberuflich Sach- und Fachbücher, unter anderem: „Personalgewinnung in der Pflege – Innovative Ideen einfach umgesetzt" (Elsevier, 2014).

Autorenwebseite: www.maja-roedenbeck.de.

9

Quellen und weiterführende Links

Artikel

Athanas, Christoph: HR-Controlling: 20 wichtige Recruiting-Kennzahlen im Überblick, 28.3.2014
http://bit.ly/1fFGDBM

Rose, Nico: Wie wir 2020 die besten Mitarbeiter gewinnen werden
Teil 1, 30.4.2015 http://bit.ly/2c6d7iT
Teil 2, 1.5.2015 http://bit.ly/2hgyviw

Ullah, Robindro: Interview mit Sourcing Legende und Social Talent Gründer Jonathan Campbell, 29.7.2016
http://bit.ly/2bhM6rX

Ullah, Robindro: Social Recruiting Days 2016 – ein Feuerwerk an Infos und Visionen, 20.9.2016
http://bit.ly/2hbwFEr

Studien

ICR Active Sourcing Report 2016 Personalberatungen, Institute for Competitive Recruiting
http://bit.ly/2ivEFgI

Big Data im Recruiting, 2015, Bitkom Research im Auftrag von LinkedIn
http://bit.ly/1JWiarJ

Internationale Fachkräfterekrutierung in der deutschen Pflegebranche, Bertelsmann Stiftung, 2015
http://bit.ly/2i9htaN

Krankenhaus Barometer 2015, Deutsches Krankenhaus Institut
http://bit.ly/2h1f6lR

Recruiting Trends 2016, Universität Bamberg und German Graduate School of Management and Law im Auftrag von Monster Worldwide Deutschland
http://bit.ly/1TfCYgQ

10

Quellen und weiterführende Links

Social Media Personalmarketing Studie 2016, Hochschule Rhein-Main, embrander consult und Henner Knabenreich
http://bit.ly/2fpoKxl

Blogs

Personalgewinnung in der Pflege, Maja Schäfer
personalgewinnung-in-der-pflege.de

HR in Mind, Robindro Ullah
hrinmind.de

Personalmarketing 2Null, Henner Knabenreich
personalmarketing2null.de

Wollmilchsau GmBH
wollmilchsau.de/blog/

h|zaborowski, Henrik Zaborowski
hzaborowski.de

Literatur

Buckmann, Jörg (Hrsg.): Einstellungssache: Personalgewinnung mit Frechmut und Können – Frische Ideen für Personalmarketing und Employer Branding (Springer Gabler, 2014)

Roedenbeck Schäfer, Maja: Personalgewinnung in der Pflege – Innovative Ideen einfach umgesetzt (Elsevier, 2014)

Ruisinger, Dominik: Die digitale Kommunikationsstrategie (Schäffer Poeschel, 2016)

Ullah, Robrindro, und Witt, Michael: Praxishandbuch Recruiting: Grundlagenwissen, Prozess-Know-How, Social Recruiting (Schäffer Poeschel, 2015)

Wolf, Stefan G.: Stellenanzeigen erfolgreich texten: Einstimmen – Überzeugen – Gewinnen (Springer Gabler, 2013)

10

Stichwortverzeichnis

11

Stichwortverzeichnis

11

11

Stichwortverzeichnis

11